POEMAS 2006-2014

LOUISE GLÜCK

Poemas 2006-2014

*Averno, Uma vida no interior
e Noite fiel e virtuosa*

Tradução
Heloisa Jahn
Bruna Beber
Marília Garcia

1ª reimpressão

Copyright © 2006, 2009, 2014 by Louise Glück

Grafia atualizada segundo o Acordo Ortográfico da Língua Portuguesa de 1990, que entrou em vigor no Brasil em 2009.

Títulos originais
Averno
A Village Life
Faithful and Virtuous Night

Capa
Daniel Trench

Preparação
Silvia Massimini Felix

Revisão
Huendel Viana
Clara Diament

Dados Internacionais de Catalogação na Publicação (CIP)
(Câmara Brasileira do Livro, SP, Brasil)

Glück, Louise
    Poemas 2006-2014 / Louise Glück ; tradução Heloisa Jahn, Bruna Beber, Marília Garcia. — 1ª ed. — São Paulo : Companhia das Letras, 2021.

    Título original: Averno ; A Village Life ; Faithful and Virtuous Night
    ISBN 978-65-5921-059-6

    1. Poesia norte-americana I. Título.

21-59512   CDD-811.3

Índice para catálogo sistemático:
1. Poesia : Literatura norte-americana   811.3

Cibele Maria Dias – Bibliotecária – CRB-8/9427

Todos os direitos desta edição reservados à
EDITORA SCHWARCZ S.A.
Rua Bandeira Paulista, 702, cj. 32
04532-002 — São Paulo — SP
Telefone: (11) 3707-3500
www.companhiadasletras.com.br
www.blogdacompanhia.com.br
facebook.com/companhiadasletras
instagram.com/companhiadasletras
twitter.com/cialetras

Sumário

AVERNO *AVERNO* [2006]

I

15 As migrações noturnas *The Night Migrations* 14
19 Outubro *October* 18
37 Perséfone, a andarilha *Persephone the Wanderer* 36
47 Prisma *Prism* 46
63 Lago de cratera *Crater Lake* 62
65 Ecos *Echoes* 64
69 Fuga *Fugue* 68

II

83 A estrela da tarde *The Evening Star* 82
87 Paisagem *Landscape* 86
105 Um mito de inocência *A Myth of Innocence* 104
109 Fragmento arcaico *Archaic Fragment* 108
111 Rotunda azul *Blue Rotunda* 110
123 Um mito de devoção *A Myth of Devotion* 122
129 Averno *Averno* 128
145 Agouros *Omens* 144
147 Telescópio *Telescope* 146
149 Tordo *Thrush* 148
153 Perséfone, a andarilha *Persephone the Wanderer* 152

UMA VIDA NO INTERIOR *A VILLAGE LIFE* [2009]
165 Crepúsculo *Twilight* 164

169 Pastoril *Pastoral* 168
175 Afluentes *Tributaries* 174
181 Meio-dia *Noon* 180
189 Antes da tempestade *Before the Storm* 188
193 Poente *Sunset* 192
195 No café *In the Café* 194
203 Na praça *In the Plaza* 202
207 Amanhecer *Dawn* 206
211 Primeira neve *First Snow* 210
213 Minhoca *Earthworm* 212
215 No rio *At the River* 214
223 Um corredor *A Corridor* 222
227 Cansaço *Fatigue* 226
231 Folhas na fogueira *Burning Leaves* 230
235 Caminhada noturna *Walking at Night* 234
239 Via delle Ombre *Via delle Ombre* 238
243 Caçadores *Hunters* 242
247 Um pedaço de papel *A Slip of Paper* 246
253 Morcegos *Bats* 252
255 Folhas na fogueira *Burning Leaves* 254
259 Março *March* 258
267 Uma noite de primavera *A Night in Spring* 266
271 Colheita *Harvest* 270
275 Confissão *Confession* 274
279 Casamento *Marriage* 278
283 Primavera *Primavera* 282
285 Figos *Figs* 284
291 No baile *At the Dance* 290
295 Solidão *Solitude* 294
297 Minhoca *Earthworm* 296

299 Oliveiras *Olive Trees* 298
307 Amanhecer *Sunrise* 306
313 Um dia quente *A Warm Day* 312
317 Folhas na fogueira *Burning Leaves* 316
319 Encruzilhada *Crossroads* 318
321 Morcegos *Bats* 320
323 Abundância *Abundance* 322
327 Solstício de verão *Midsummer* 326
333 Debulha *Threshing* 332
337 Uma vida no interior *A Village Life* 336

NOITE FIEL E VIRTUOSA *FAITHFUL AND VIRTUOUS NIGHT*
[2014]

345 Parábola *Parable* 344
349 Uma aventura *An Adventure* 348
355 O passado *The Past* 354
359 Noite fiel e virtuosa *Faithful and Virtuous Night* 358
379 Teoria da memória *Theory of Memory* 378
381 Um silêncio bem afiado *A Sharply Worded Silence* 380
389 Visitantes estrangeiros *Visitors from Abroad* 388
395 Paisagem nativa *Aboriginal Landscape* 394
401 Utopia *Utopia* 400
403 Cornualha *Cornwall* 402
409 Epílogo *Afterword* 408
417 Meia-noite *Midnight* 416
425 A espada na pedra *The Sword in the Stone* 424
435 Música proibida *Forbidden Music* 434
437 A janela aberta *The Open Window* 436
439 O assistente melancólico *The Melancholy Assistant* 438
445 Uma viagem abreviada *A Foreshortened Journey* 444

449 Mais perto do horizonte *Approach of the Horizon* 448
457 A série branca *The White Series* 456
471 O cavalo e o cavaleiro *The Horse and Rider* 470
473 Uma obra de ficção *A Work of Fiction* 472
475 A história de um dia *The Story of a Day* 474
481 Um jardim de verão *A Summer Garden* 480
499 O casal no parque *The Couple in the Park* 498

503 Índice de primeiros versos

AVERNO
AVERNO

Tradução Heloisa Jahn

for Noah

para Noah

*Averno. Ancient name
Avernus. A small crater lake,
ten miles west of Naples,
Italy; regarded by the ancient
Romans as the entrance to
the underworld.*

Averno. Nome antigo
Avernus. Um pequeno lago de cratera,
dez milhas a oeste de Nápoles,
Itália; considerado pelos antigos
romanos a entrada para
o outro mundo.

The Night Migrations

*This is the moment when you see again
the red berries of the mountain ash
and in the dark sky
the birds' night migrations.*

*It grieves me to think
the dead won't see them—
these things we depend on,
they disappear.*

*What will the soul do for solace then?
I tell myself maybe it won't need
these pleasures anymore;
maybe just not being is simply enough,
hard as that is to imagine.*

As migrações noturnas

Este é o momento em que voltamos a ver
os frutos rubros da sorveira
e no escuro céu
as migrações noturnas das aves.

Me dói pensar
que os mortos não vão vê-los —
essas coisas das quais dependemos
desaparecem.

De que modo então a alma encontra alívio?
Digo para mim mesma: quem sabe ela já não
reclame esses prazeres;
quem sabe lhe baste o mero fato de não ser
coisa tão difícil de imaginar.

I

October

1.
Is it winter again, is it cold again,
didn't Frank just slip on the ice,
didn't he heal, weren't the spring seeds planted

didn't the night end,
didn't the melting ice
flood the narrow gutters

wasn't my body
rescued, wasn't it safe

didn't the scar form, invisible
above the injury

terror and cold,
didn't they just end, wasn't the back garden
harrowed and planted—

I remember how the earth felt, red and dense,
in stiff rows, weren't the seeds planted,
didn't vines climb the south wall

Outubro

1.
É inverno de novo, faz frio de novo,
acaso Frank não escorregou agora mesmo no gelo,
não se curou, as sementes da primavera não foram
[plantadas?

Acaso a noite não acabou,
o gelo não derreteu,
não inundou as calhas estreitas?

Acaso meu corpo não foi
resgatado, não ficou protegido?

Acaso a cicatriz não se formou, invisível
por cima da ferida?

Terror e frio,
acaso não acabaram agora mesmo, e o quintal
não foi rastelado, semeado —

Eu me lembro da sensação da terra, vermelha e densa,
em fileiras rígidas, acaso as sementes não foram semeadas,
as vinhas não subiram pela parede sul?

*I can't hear your voice
for the wind's cries, whistling over the bare ground*

*I no longer care
what sound it makes*

*when was I silenced, when did it first seem
pointless to describe that sound*

what it sounds like can't change what it is—

*didn't the night end, wasn't the earth
safe when it was planted*

*didn't we plant the seeds,
weren't we necessary to the earth,*

the vines, were they harvested?

*2.
Summer after summer has ended,
balm after violence:
it does me no good
to be good to me now;
violence has changed me.*

*Daybreak. The low hills shine
ochre and fire, even the fields shine.
I know what I see; sun that could be
the August sun, returning
everything that was taken away—*

Não ouço sua voz
com os brados do vento, assobiando sobre o solo nu

para mim já não importa
que tipo de som é esse

quando é que fui silenciada, quando pela primeira vez achei
inútil descrever aquele som?

O som que faz não muda o que ele é —

Acaso a noite não acabou, a terra não ficou
protegida quando semeada?

Não plantamos as sementes,
não éramos necessários à terra?

E as vinhas, alguém colheu?

2.
Verão e mais verão acabou,
conforto depois da violência:
não me ajuda em nada
vir agora com bondades;
a violência me alterou.

Aurora. Os montes baixos cintilam
em ocre e fogo, mesmo os campos cintilam.
Sei o que vejo; sol que poderia ser
o sol de agosto, devolvendo
tudo o que foi levado —

You hear this voice? This is my mind's voice;
you can't touch my body now.
It has changed once, it has hardened,
don't ask it to respond again.

A day like a day in summer.
Exceptionally still. The long shadows of the maples
nearly mauve on the gravel paths.
And in the evening, warmth. Night like a night in summer.

It does me no good; violence has changed me.
My body has grown cold like the stripped fields;
now there is only my mind, cautious and wary,
with the sense it is being tested.

Once more, the sun rises as it rose in summer;
bounty, balm after violence.
Balm after the leaves have changed, after the fields
have been harvested and turned.

Tell me this is the future,
I won't believe you.
Tell me I'm living,
I won't believe you.

3.
Snow had fallen. I remember
music from an open window.

Você ouve essa voz? É a voz da minha mente;
não há como tocar meu corpo agora.
Ele mudou um dia, endureceu,
não lhe peça que de novo reaja.

Um dia feito um dia de verão.
Excepcionalmente quieto. As longas sombras dos bordos
quase malva nas trilhas de saibro.
E à noite, calor. Noite feito uma noite de verão.

Não me faz bem algum; a violência me alterou.
Meu corpo ficou frio como os campos desnudados;
agora só resta minha mente, cautelosa e atenta,
com a sensação de estar sendo testada.

Ainda uma vez, o sol se ergue como se ergueu no verão;
graça, conforto depois da violência,
conforto depois da muda das folhas, depois que os campos
foram ceifados e revolvidos.

Me diga que isto é o futuro,
que não acredito em você.
Me diga que estou vivendo,
que não acredito em você.

3.
Neve havia caído. Lembro
da música de uma janela aberta.

Come to me, *said the world.*
This is not to say
it spoke in exact sentences
but that I perceived beauty in this manner.

Sunrise. A film of moisture
on each living thing. Pools of cold light
formed in the gutters.

I stood
at the doorway,
ridiculous as it now seems.

What others found in art,
I found in nature. What others found
in human love, I found in nature.
Very simple. But there was no voice there.

Winter was over. In the thawed dirt,
bits of green were showing.

Come to me, *said the world. I was standing*
in my wool coat at a kind of bright portal—
I can finally say
long ago; it gives me considerable pleasure. Beauty

the healer, the teacher—

Venha para mim, dizia o mundo.
O que não significa
que o mundo falasse em frases exatas
mas que era assim que eu sentia a beleza.

Aurora. Uma película de umidade
em cada coisa viva. Poças de luz fria
se formavam nas calhas.

Eu em pé
na soleira da porta,
ridícula, hoje me parece.

O que outros viam na arte,
eu via na natureza. O que outros viam
no amor humano, eu via na natureza.
Muito simples. Mas ali não havia voz.

O inverno estava encerrado. Na terra derretida,
filetes verdes apontavam.

Venha para mim, dizia o mundo. Eu em pé
no meu casaco de lã numa espécie de portal luminoso —
por fim posso dizer
faz muito tempo; o que me dá um prazer considerável.
                                    [A beleza

essa que cura, que ensina —

*death cannot harm me
more than you have harmed me,
my beloved life.*

4.
*The light has changed;
middle C is tuned darker now.
And the songs of morning sound over-rehearsed.*

*This is the light of autumn, not the light of spring.
The light of autumn:* you will not be spared.

*The songs have changed; the unspeakable
has entered them.*

*This is the light of autumn, not the light that says
I am reborn.*

Not the spring dawn: I strained, I suffered, I was delivered.
This is the present, an allegory of waste.

*So much has changed. And still, you are fortunate:
the ideal burns in you like a fever.
Or not like a fever, like a second heart.*

*The songs have changed, but really they are still quite beautiful.
They have been concentrated in a smaller space, the space of the
                                                                      [mind.
They are dark, now, with desolation and anguish.*

a morte não pode me ferir
mais do que você me feriu,
minha bem-amada vida.

4.
A luz mudou;
a afinação do dó está mais escura.
E as canções da manhã parecem ensaiadas demais.

Essa é a luz do outono, não a luz da primavera.
A luz do outono: *não serás poupada.*

As canções mudaram; invadiu-as
o indizível.

Essa é a luz do outono, não a luz que declara
renasci.

Não a aurora da primavera: *penei, sofri, fui libertada.*
Este é o presente, uma alegoria do desperdício.

Tanta coisa mudou. E no entanto você tem sorte:
o ideal arde em você como uma febre.
Ou não como uma febre, como um segundo coração.

As canções mudaram, mas por certo continuam belas.
Foram concentradas num espaço menor, o espaço da mente.
São escuras, agora, de desolação e angústia.

*And yet the notes recur. They hover oddly
in anticipation of silence.
The ear gets used to them.
The eye gets used to disappearances.*

You will not be spared, nor will what you love be spared.

*A wind has come and gone, taking apart the mind;
it has left in its wake a strange lucidity.*

*How privileged you are, to be still passionately
clinging to what you love;
the forfeit of hope has not destroyed you.*

Maestoso, doloroso:

*This is the light of autumn; it has turned on us.
Surely it is a privilege to approach the end
still believing in something.*

5.
It is true there is not enough beauty in the world.
It is also true that I am not competent to restore it.
Neither is there candor, and here I may be of some use.

I am
at work, though I am silent.

E contudo as notas retornam. Pairam, estranhamente
antecipando o silêncio.
O ouvido se habitua a elas.
O olho se habitua a desaparições.

Não serás poupada, o que amas não será poupado.

Um vento veio e foi, cindindo a mente;
deixou ao passar uma estranha lucidez.

Que privilégio o teu, seguir apaixonadamente
aferrada ao que amas;
o confisco da esperança não te destruiu.

Maestoso, doloroso:

Esta é a luz do outono; acesa sobre nós.
Sem dúvida é um privilégio ir chegando ao fim
e ainda acreditar em alguma coisa.

5.
É verdade que não há beleza suficiente no mundo.
Também é verdade que não tenho competência para
                                     [restaurá-la.
Também não há franqueza, e nesse aspecto posso ser de
                                     [alguma utilidade.

Estou
trabalhando, embora em silêncio.

The bland

misery of the world
bounds us on either side, an alley

lined with trees; we are

companions here, not speaking,
each with his own thoughts;

behind the trees, iron
gates of the private houses,
the shuttered rooms

somehow deserted, abandoned,

as though it were the artist's
duty to create
hope, but out of what? what?

the word itself
false, a device to refute
perception— At the intersection,

ornamental lights of the season.

I was young here. Riding
the subway with my small book
as though to defend myself against

A afável

miséria do mundo
limita-nos pelos dois lados, uma trilha

bordejada de árvores; aqui

somos parceiros, sem falar,
cada um com seus próprios pensamentos;

atrás das árvores, portões
de ferro das residências particulares,
quartos fechados

vazios, de certo modo, abandonados,

como se fosse dever do
artista criar
esperança, mas tirar do quê? do quê?

A própria palavra
falsa, um artifício para refutar
a percepção — No cruzamento,

luzes ornamentais desta época do ano.

Aqui fui jovem. Viajando no
metrô com meu livrinho
como se quisesse defender-me

this same world:

*you are not alone,
the poem said,
in the dark tunnel.*

6.
*The brightness of the day becomes
the brightness of the night;
the fire becomes the mirror.*

*My friend the earth is bitter; I think
sunlight has failed her.
Bitter or weary, it is hard to say.*

*Between herself and the sun,
something has ended.
She wants, now, to be left alone;
I think we must give up
turning to her for affirmation.*

*Above the fields,
above the roofs of the village houses,
the brilliance that made all life possible
becomes the cold stars.*

*Lie still and watch:
they give nothing but ask nothing.*

deste mesmo mundo:

não estás só,
dizia o poema,
no túnel escuro.

6.
A luminosidade do dia vira
a luminosidade da noite;
o fogo vira o espelho.

A terra, minha amiga, é amarga; acho
que a luz do sol a desamparou.
Amarga ou exausta, difícil dizer.

Entre ela e o sol,
algo se encerrou.
Que a deixem em paz, agora, é o que ela quer;
acho que precisamos desistir
de buscar nela afirmação.

Acima dos campos,
acima dos telhados das casas da vila,
a luz que tornou possível toda vida
é, agora, as estrelas frias.

Deitado, imóvel, veja:
elas não dão nada mas nada perguntam.

*From within the earth's
bitter disgrace, coldness and barrenness*

*my friend the moon rise:
she is beautiful tonight, but when is she not beautiful?*

De dentro da amarga
desonra da terra, frio e esterilidade

minha amiga lua sobe:
está linda esta noite, mas quando ela não é linda?

Persephone the Wanderer

*In the first version, Persephone
is taken from her mother
and the goddess of the earth
punishes the earth—this is
consistent with what we know of human behavior,*

*that human beings take profound satisfaction
in doing harm, particularly
unconscious harm:*

*we may call this
negative creation.*

*Persephone's initial
sojourn in hell continues to be
pawed over by scholars who dispute
the sensations of the virgin:*

*did she cooperate in her rape,
or was she drugged, violated against her will,
as happens so often now to modern girls.*

*As is well known, the return of the beloved
does not correct
the loss of the beloved: Persephone*

Perséfone, a andarilha

Na primeira versão, Perséfone
é tomada da mãe
e a deusa da terra
castiga a terra — isso está
de acordo com o que sabemos sobre o comportamento
                                                [humano,

que os seres humanos obtêm profunda satisfação
em causar dano, especialmente
dano inconsciente:

podemos dar a isso o nome
de criação negativa.

A primeira residência
de Perséfone no inferno continua sendo
esmiuçada por eruditos que debatem
as sensações da virgem:

teria ela cooperado com seu rapto,
ou foi drogada, violada à força,
como acontece tantas vezes hoje com as garotas modernas?

Como é bem sabido, a volta do ser amado
não corrige
a perda do ser amado: Perséfone

*returns home
stained with red juice like
a character in Hawthorne—*

*I am not certain I will
keep this word: is earth
"home" to Persephone? Is she at home, conceivably,
in the bed of the god? Is she
at home nowhere? Is she
a born wanderer, in other words
an existential
replica of her own mother, less
hamstrung by ideas of causality?*

*You are allowed to like
no one, you know. The characters
are not people.
They are aspects of a dilemma or conflict.*

*Three parts: just as the soul is divided,
ego, superego, id. Likewise*

*the three levels of the known world,
a kind of diagram that separates
heaven from earth from hell.*

*You must ask yourself:
where is it snowing?*

*White of forgetfulness,
of desecration—*

volta para casa
tingida de sumo vermelho como
um personagem de Hawthorne —

Não estou segura de que vou
manter a palavra: a terra
é a "casa" de Perséfone? Ela está em casa, possivelmente,
na cama do deus? Está
em casa em algum lugar? Ela é
uma andarilha nata, em outras palavras
uma réplica
existencial de sua própria mãe, menos
entorpecida por ideias de causalidade?

Não estamos autorizados a gostar
de ninguém, sabia? Os personagens
não são pessoas.
São aspectos de um dilema ou conflito.

Três partes: tal como a alma se divide
em ego, superego e id. Assim também

os três planos do mundo conhecido,
uma espécie de diagrama que separa
o céu da terra do inferno.

Pergunte a si mesmo:
onde está nevando?

Branco de esquecimento,
de profanação —

It is snowing on earth; the cold wind says

Persephone is having sex in hell.
Unlike the rest of us, she doesn't know
what winter is, only that
she is what causes it.

She is lying in the bed of Hades.
What is in her mind?
Is she afraid? Has something
blotted out the idea
of mind?

She does know the earth
is run by mothers, this much
is certain. She also knows
she is not what is called
a girl any longer. Regarding
incarceration, she believes

she has been a prisoner since she has been a daughter.

The terrible reunions in store for her
will take up the rest of her life.
When the passion for expiation
is chronic, fierce, you do not choose
the way you live. You do not live;
you are not allowed to die.

Está nevando sobre a terra; o vento frio diz

Perséfone está fazendo sexo no inferno.
Não sabe, como nós sabemos,
o que é inverno, só sabe
que é a causa dele.

Está deitada na cama de Hades.
O que tem na mente?
Sente medo? Alguma coisa
cancelou a noção de
mente?

Ela sabe que a terra
é governada por mães, isso ao menos
está claro. Também sabe
que já não é o que conhecemos por
garota. No que diz respeito
a encarceramento, acredita

que foi prisioneira desde que foi filha.

As terríveis reuniões que a esperam
ocuparão o resto de sua vida.
Quando o anseio de expiação
é crônico, feroz, não escolhemos
nosso estilo de vida. Não vivemos;
não temos licença para morrer.

*You drift between earth and death
which seem, finally,
strangely alike. Scholars tell us*

*that there is no point in knowing what you want
when the forces contending over you
could kill you.*

*White of forgetfulness,
white of safety—*

*They say
there is a rift in the human soul
which was not constructed to belong
entirely to life. Earth*

*asks us to deny this rift, a threat
disguised as suggestion—
as we have seen
in the tale of Persephone
which should be read*

*as an argument between the mother and the lover—
the daughter is just meat.*

*When death confronts her, she has never seen
the meadow without the daisies.
Suddenly she is no longer
singing her maidenly songs
about her mother's*

Ficamos à deriva entre terra e morte
que parecem, afinal,
estranhamente iguais. Os eruditos dizem

que é inútil saber o que queremos
quando as forças que tratam de controlar-nos
poderiam matar-nos.

Branco de esquecimento,
branco de segurança —

Dizem
que há uma fissura na alma humana
que não foi construída para pertencer
inteiramente à vida. A terra

nos pede que neguemos a fissura, uma ameaça
disfarçada de sugestão —
como vimos
na história de Perséfone
que deveria ser entendida

como uma discussão entre a mãe e o amante —
a filha é apenas carne.

Quando a morte a confrontar, não terá visto nunca
o prado sem as margaridas.
De repente ela já não está
cantando suas canções de donzela
sobre a beleza

*beauty and fecundity. Where
the rift is, the break is.*

*Song of the earth,
song of the mythic vision of eternal life—*

*My soul
shattered with the strain
of trying to belong to earth—*

*What will you do,
when it is your turn in the field with the god?*

e a fecundidade da mãe. Ali onde
está a fissura, está a fratura.

Canção da terra,
canção da visão mítica da vida eterna —

Minha alma
destroçada com o esforço
de tentar pertencer à terra —

O que fará
quando chegar sua vez no campo com o deus?

Prism

1.
Who can say what the world is? The world
is in flux, therefore
unreadable, the winds shifting,
the great plates invisibly shifting and changing—

2.
Dirt. Fragments
of blistered rock. On which
the exposed heart constructs
a house, memory: the gardens
manageable, small in scale, the beds
damp at the sea's edge—

3.
As one takes in
an enemy, through these windows
one takes in
the world:

here is the kitchen, here the darkened study.

Meaning: I am master here.

Prisma

1.
Quem pode dizer o que é o mundo? O mundo
está em fluxo, portanto
é ilegível, os ventos mudando de direção,
as grandes placas invisivelmente mudando de posição
                              [e se modificando —

2.
Pó. Fragmentos
de rocha empolada. Nos quais
o âmago exposto constrói
uma casa, memória: os jardins
gerenciáveis, pequenos em escala, os canteiros
úmidos à beira do mar —

3.
Assim como se deixa entrar
um inimigo, através dessas janelas
deixa-se entrar
o mundo:

aqui está a cozinha, aqui o escritório na penumbra.

Ou seja: aqui mando eu.

4.
*When you fall in love, my sister said,
it's like being struck by lightning.*

*She was speaking hopefully,
to draw the attention of the lightning.*

*I reminded her that she was repeating exactly
our mother's formula, which she and I*

*had discussed in childhood, because we both felt
that what we were looking at in the adults*

*were the effects not of lightning
but of the electric chair.*

*5.
Riddle:
Why was my mother happy?*

*Answer:
She married my father.*

*6.
"You girls," my mother said, "should marry
someone like your father."*

*That was one remark. Another was,
"There is no one like your father."*

4.
Quando você se apaixona, disse minha irmã,
é como ser atingida por um raio.

Ela dizia isso esperançosa,
para ver se atraía o raio.

Eu a fiz ver que estava repetindo exatamente
a fórmula da nossa mãe, que ela e eu

havíamos discutido na infância, porque nós duas achávamos
que o que assistíamos nos adultos

eram os efeitos não do raio,
mas da cadeira elétrica.

5.
Charada:
Por que minha mãe era feliz?

Resposta:
Ela se casou com meu pai.

6.
"Vocês, garotas", dizia minha mãe, "deveriam se casar
com alguém como seu pai."

Esse era um comentário. Outro era
"Não há ninguém como seu pai".

7.
From the pierced clouds, steady lines of silver.

Unlikely
yellow of the witch hazel, veins
of mercury that were the paths of the rivers—

Then the rain again, erasing
footprints in the damp earth

An implied path, like
a map without a crossroads.

8.
The implication was, it was necessary to abandon
childhood. The word "marry" was a signal.
You could also treat it as aesthetic advice;
the voice of the child was tiresome,
it had no lower register.
The word was a code, mysterious, like the Rosetta stone.
It was also a roadsign, a warning.
You could take a few things with you like a dowry.
You could take the part of you that thought.
"Marry" meant you should keep that part quiet.

9.
A night in summer. Outside,
sounds of a summer storm. Then the sky clearing.
In the window, constellations of summer.

7.
Das nuvens perfuradas, riscas firmes de prata.

Improvável
amarelo da hamamélis, veios
de mercúrio que eram os cursos dos rios —

Depois chuva outra vez, apagando
pegadas na terra úmida.

Um curso implícito, como
um mapa sem encruzilhada.

8.
O que ficava implícito: era preciso abandonar
a infância. A palavra "casar" era um sinal.
Também seria possível tomá-la como conselho estético;
a voz da criança era cansativa,
não tinha registro mais grave.
A palavra era um código, misterioso, como a pedra de Roseta.
Era também um aviso na estrada, uma advertência.
Dava para levar algumas coisas, como um dote.
Dava para levar a parte de nós que pensava.
"Casar" queria dizer mantenha essa parte quieta.

9.
Uma noite no verão. Fora,
sons de uma tempestade de verão. Depois o céu limpando.
Na janela, constelações de verão.

I'm in a bed. This man and I,
we are suspended in the strange calm
sex often induces. Most sex induces.
Longing, what is that? Desire, what is that?

In the window, constellations of summer.
Once, I could name them.

10.
Abstracted
shapes, patterns.
The light of the mind. The cold, exacting
fires of disinterestedness, curiously

blocked by earth, coherent, glittering
in air and water,

the elaborate
signs that said now plant, now harvest—

I could name them, I had names for them:
two different things.

11.
Fabulous things, stars.
When I was a child, I suffered from insomnia.
Summer nights, my parents permitted me to sit by the lake;
I took the dog for company.

Estou numa cama. Esse homem e eu,
os dois suspensos na curiosa calma
que o sexo muitas vezes induz. Que quase sempre induz.
Anseio, o que é? Desejo, o que é?

Na janela, constelações de verão.
Um dia eu soube os nomes delas.

10.
Formas, motivos
abstraídos.
A luz da mente. Os frios, severos
fogos do desinteresse, curiosamente

bloqueados pela terra, coerentes, cintilando
em ar e água,

os signos
elaborados que diziam *agora plante, agora colha* —

eu já soube os nomes deles, tinha nomes para eles:
duas coisas diferentes.

11.
Fabulosas coisas, estrelas.
Quando eu era criança, padecia de insônia.
Nas noites de verão, meus pais me deixavam sentar à beira
                                                            [do lago;
eu levava o cachorro para me fazer companhia.

*Did I say "suffered"? That was my parents' way of explaining
tastes that seemed to them
inexplicable: better "suffered" than "preferred to live with the dog."*

*Darkness. Silence that annulled mortality.
The tethered boats rising and falling.
When the moon was full, I could sometimes read the girls' names
painted to the sides of the boats:*
Ruth Ann, Sweet Izzy, Peggy My Darling—

*They were going nowhere, those girls.
There was nothing to be learned from them.*

*I spread my jacket in the damp sand,
the dog curled up beside me.
My parents couldn't see the life in my head;
when I wrote it down, they fixed the spelling.*

*Sounds of the lake. The soothing, inhuman
sounds of water lapping the dock, the dog scuffling somewhere
in the weeds—*

*12.
The assignment was to fall in love.
The details were up to you.
The second part was
to include in the poem certain words,
words drawn from a specific text
on another subject altogether.*

Eu disse "padecia"? Era o jeito como meus pais explicavam
inclinações que lhes pareciam
inexplicáveis: melhor "padecia" do que "preferia viver com
[o cachorro".

Escuro. Silêncio que cancelava a mortalidade.
Os barcos amarrados subindo e descendo.
Em noites de lua cheia, às vezes eu conseguia ler os nomes
[das garotas
pintados nas laterais dos barcos:
Ruth Ann, *Doce Izzy*, *Peggy Meu Bem* —

Não iam a lugar nenhum, aquelas garotas.
Não havia nada a aprender com elas.

Eu abria a jaqueta sobre a areia úmida,
o cachorro se enroscava ao meu lado.
Meus pais não podiam ver a vida em minha cabeça;
quando eu a escrevia, eles corrigiam os erros.

Sons do lago. Os sons tranquilizadores,
não humanos, da água lambendo o cais, o cachorro fuçando
[em algum ponto
do matagal —

12.
A missão era se apaixonar.
Os detalhes não importavam.
A segunda parte era
incluir no poema determinadas palavras,
palavras retiradas de um texto específico
sobre um assunto completamente diferente.

13.
Spring rain, then a night in summer.
A man's voice, then a woman's voice.

You grew up, you were struck by lightning.
When you opened your eyes, you were wired forever to your
*   [true love.*

It only happened once. Then you were taken care of,
your story was finished.

It happened once. Being struck was like being vaccinated;
the rest of your life you were immune,
you were warm and dry.

Unless the shock wasn't deep enough.
Then you weren't vaccinated, you were addicted.

14.
The assignment was to fall in love.
The author was female.
The ego had to be called the soul.

The action took place in the body.
Stars represented everything else: dreams, the mind etc.

The beloved was identified
with the self in a narcissistic projection.
The mind was a subplot. It went nattering on.

13.
Chuva de primavera, depois uma noite no verão.
Uma voz de homem, depois uma voz de mulher.

Você crescia, você era atingida por um raio.
Quando abria os olhos, estava ligada para sempre a seu
                                    [verdadeiro amor.

Só acontecia uma vez. Depois tomavam conta de você,
sua história acabava.

Acontecia uma vez. Ser atingida era como ser vacinada;
o resto da vida você ficava imune,
ficava aquecida e seca.

A não ser que o choque não fosse profundo o bastante.
Nesse caso você não ficava vacinada, ficava viciada.

14.
A missão era se apaixonar.
O autor era do sexo feminino.
O ego tinha de ser chamado de alma.

A ação se desenrolava no corpo.
Estrelas representavam tudo o mais: sonhos, a mente etc.

O ser amado se identificava
com o self numa projeção narcísica.
A mente era uma trama secundária. Ficava de conversinha.

*Time was experienced
less as narrative than ritual.
What was repeated had weight.*

*Certain endings were tragic, thus acceptable.
Everything else was failure.*

15.
*Deceit. Lies. Embellishments we call
hypotheses—*

*There were too many roads, too many versions.
There were too many roads, no one path—*

And at the end?

16.
List the implications of "crossroads".

Answer: a story that will have a moral.

Give a counter-example:

17.
*The self ended and the world began.
They were of equal size,
commensurate,
one mirrored the other.*

O tempo era experimentado
menos como narrativa que como ritual.
O que se repetia importava.

Certos finais eram trágicos, portanto aceitáveis.
Tudo mais era fracasso.

15.
Engodo. Mentiras. Enfeites que chamamos de
hipóteses —

Havia caminhos demais, versões demais.
Havia caminhos demais, nenhuma trilha —

E no fim?

16.
Faça uma lista das implicações de "encruzilhada".

Resposta: uma história que terá uma moral.

Dê um contraexemplo:

17.
O self terminou e o mundo começou.
Eram de igual tamanho,
comensurados,
um espelhava o outro.

18.
The riddle was: why couldn't we live in the mind.

The answer was: the barrier of the earth intervened.

19.
The room was quiet.
That is, the room was quiet, but the lovers were breathing.

In the same way, the night was dark.
It was dark, but the stars shone.

The man in bed was one of several men
to whom I gave my heart. The gift of the self,
that is without limit.
Without limit, though it recurs.

The room was quiet. It was an absolute,
like the black night.

20.
A night in summer. Sounds of a summer storm.
The great plates invisibly shifting and changing—

And in the dark room, the lovers sleeping in each other's
[arms.

We are, each of us, the one who wakens first,
who stirs first and sees, there in the first dawn,
the stranger.

18.
A charada era: por que não podíamos viver na mente.

A resposta era: a barreira da terra intervinha.

19.
O quarto estava em silêncio.
Ou seja, o quarto estava em silêncio, mas os amantes
[respiravam.

Do mesmo modo, a noite estava escura.
Estava escuro, mas as estrelas brilhavam.

O homem na cama era um dos diversos homens
a quem entreguei meu coração. A dádiva do self,
isso não tem limite.
Não tem limite, embora se repita.

O quarto estava em silêncio. Era um absoluto,
como a negra noite.

20.
Uma noite no verão. Sons de uma tempestade de verão.
As grandes placas invisivelmente mudando de posição e se
[modificando —

E no quarto escuro, os amantes dormindo nos braços um
[do outro.

Nós somos, cada um de nós, aquele que acorda primeiro,
o que se move primeiro e vê, ali, na primeira madrugada,
o estranho.

Crater Lake

There was a war between good and evil.
We decided to call the body good.

That made death evil.
It turned the soul
against death completely.

Like a foot soldier wanting
to serve a great warrior, the soul
wanted to side with the body.

It turned against the dark,
against the forms of death
it recognized.

Where does the voice come from
that says suppose the war
is evil, that says

suppose the body did this to us,
made us afraid of love—

Lago de cratera

Houve uma guerra entre o bem e o mal.
Decidimos que o corpo seria o bem.

Isso fez da morte o mal.
Isso virou a alma
contra a morte completamente.

Como um soldado da infantaria querendo
servir um grande guerreiro, a alma
queria ficar do lado do corpo.

Ela se voltou contra o escuro,
contra as formas da morte
que reconhecia.

De onde vem a voz
que diz suponha que a guerra
é o mal, que diz

suponha que o corpo fez isso conosco,
fez-nos temer o amor —

Echoes

1.
Once I could imagine my soul
I could imagine my death.
When I imagined my death
my soul died. This
I remember clearly.

My body persisted.
Not thrived, but persisted.
Why I do not know.

2.
When I was still very young
my parents moved to a small valley
surrounded by mountains
in what was called the lake country.
From our kitchen garden
you could see the mountains,
snow covered, even in summer.

I remember peace of a kind
I never knew again.

Somewhat later, I took it upon myself
to become an artist,
to give voice to these impressions.

Ecos

1.
Houve um tempo em que eu podia imaginar minha alma
podia imaginar minha morte.
Quando eu imaginava minha morte
minha alma morria. Disso
me lembro claramente.

Meu corpo persistia.
Não prosperava, mas persistia.
Por quê, não sei.

2.
Quando eu ainda era muito pequena
meus pais se mudaram para um valezinho
rodeado de montanhas
no que chamavam terra dos lagos.
Da nossa horta
dava para ver as montanhas
cobertas de neve, mesmo no verão.

Me lembro de um tipo de paz
que nunca mais encontrei.

Um pouco mais tarde, tomei a decisão
de que seria artista,
para dar voz a essas impressões.

3.
The rest I have told you already.
A few years of fluency, and then
the long silence, like the silence in the valley
before the mountains send back
your own voice changed to the voice of nature.

This silence is my companion now.
I ask: of what did my soul die?
and the silence answers

if your soul died, whose life
are you living and
when did you become that person?

3.
O resto já contei a vocês.
Alguns anos de fluência, depois
o longo silêncio, feito o silêncio do vale
antes de as montanhas devolverem
sua própria voz transformada em voz da natureza.

Esse silêncio é meu companheiro agora.
Pergunto: *do que morreu minha alma?*
e o silêncio responde

se a sua alma morreu, de quem é a vida
que você está vivendo e
quando você se tornou essa pessoa?

Fugue

1.
I was the man because I was taller.
My sister decided
when we should eat.
From time to time, she'd have a baby.

2.
Then my soul appeared.
Who are you, I said.
And my soul said,
I am your soul, the winsome stranger.

3.
Our dead sister
waited, undiscovered in my mother's head.
Our dead sister was neither
a man nor a woman. She was like a soul.

4.
My soul was taken in:
it attached itself to a man.
Not a real man, the man
I pretended to be, playing with my sister.

Fuga

1.
Eu era o homem porque era mais alta.
Minha irmã decidia
quando íamos comer.
De vez em quando ela tinha um bebê.

2.
Então minha alma apareceu.
Quem é você, perguntei.
E minha alma disse,
Sou sua alma, a cativante estranha.

3.
Nossa irmã morta
esperava, não descoberta na cabeça da minha mãe.
Nossa irmã morta não era
homem nem mulher. Era como uma alma.

4.
Minha alma foi recebida:
ela se atrelou a um homem.
Não um homem de verdade, o homem
que eu fingia ser, brincando com minha irmã.

5.
It is coming back to me—lying on the couch
has refreshed my memory.
My memory is like a basement filled with old papers:
nothing ever changes.

6.
I had a dream: my mother fell out of a tree.
After she fell, the tree died:
it had outlived its function.
My mother was unharmed—her arrows disappeared, her wings
turned into arms. Fire creature: Sagittarius. She finds herself
[in—

a suburban garden. It is coming back to me.

7.
I put the book aside. What is a soul?
A flag flown
too high on the pole, if you know what I mean.

The body
cowers in the dreamlike underbrush.

8.
Well, we are here to do something about that.

(*In a German accent.*)

5.
A lembrança vai voltando — deitar no sofá
refrescou minha memória.
Minha memória é como um porão cheio de papéis velhos:
nada nunca muda.

6.
Eu tive um sonho: minha mãe caía de uma árvore.
Depois que ela caiu, a árvore morreu:
havia sobrevivido a sua função.
Minha mãe não se feriu — suas flechas desapareceram,
 [suas asas
viraram braços. Um ser de fogo: sagitário. Ela está num —

jardim do subúrbio. A lembrança vai voltando.

7.
Larguei o livro. O que é uma alma?
Uma bandeira desfraldada
muito alta no mastro, se é que você me entende.

O corpo
se encolhe na vegetação baixa de sonho.

8.
Bem, estamos aqui para fazer algo a respeito.

(Com sotaque alemão.)

9.
*I had a dream: we are at war.
My mother leaves her crossbow in the high grass.*

(Sagittarius, the archer.)

*My childhood, closed to me forever,
turned gold like an autumn garden,
mulched with a thick layer of salt marsh hay.*

10.
A golden bow: a useful gift in wartime.

How heavy it was—no child could pick it up.

Except me: I could pick it up.

11.
*Then I was wounded. The bow
was now a harp, its string cutting
deep into my palm. In the dream*

it both makes the wound and seals the wound.

12.
*My childhood: closed to me. Or is it
under the mulch—fertile.*

But very dark. Very hidden.

9.
Eu tive um sonho: estamos em guerra.
Minha mãe larga a balestra na grama alta.

(Sagitário, o arqueiro.)

Minha infância, vedada a mim para sempre,
ficou cor de ouro feito um jardim no outono,
recoberta por uma palhada espessa de feno do pântano.

10.
Um arco dourado: presente útil em tempos de guerra.

Que pesado ele era — criança nenhuma conseguia erguê-lo.

Fora eu: eu conseguia erguê-lo.

11.
Então fui ferida. O arco
era agora uma harpa, a corda
enterrada em minha palma. No sonho

ela tanto abre a ferida como fecha a ferida.

12.
Minha infância: vedada a mim. Ou será
que está sob a palhada — fértil?

Mas muito escura. Muito escondida.

13.
*In the dark, my soul said
I am your soul.*

*No one can see me; only you—
only you can see me.*

*14.
And it said, you must trust me.*

*Meaning: if you move the harp,
you will bleed to death.*

*15.
Why can't I cry out?*

I should be writing my hand is bleeding,
feeling pain and terror—what
I felt in the dream, as a casualty of war.

*16.
It is coming back to me.*

Pear tree. Apple tree.

*I used to sit there
pulling arrows out of my heart.*

*17.
Then my soul appeared. It said*

13.
No escuro, minha alma disse
sou a sua alma.

Ninguém pode me ver; só você —
só você pode me ver.

14.
E disse, você precisa confiar em mim.

Ou seja: se você mover a harpa,
sangrará até a morte.

15.
Por que não consigo gritar?

Eu devia estar escrevendo *minha mão sangra*,
sentindo dor e terror — o que
sentia no sonho, como vítima da guerra.

16.
A lembrança vai voltando.

Pereira. Macieira.

Era aqui que eu me sentava
arrancando flechas do meu coração.

17.
Então minha alma apareceu. Ela disse

*just as no one can see me, no one
can see the blood.*

Also: no one can see the harp.

*Then it said
I can save you. Meaning*
this is a test.

18.
Who is "you"? As in

"Are you tired of invisible pain?"

19.
Like a small bird sealed off from daylight:

that was my childhood.

20.
I was the man because I was taller.

*But I wasn't tall—
didn't I ever look in a mirror?*

21.
*Silence in the nursery,
the consulting garden. Then:*

What does the harp suggest?

assim como ninguém pode me ver, ninguém
pode ver o sangue.

Também: ninguém pode ver a harpa.

Depois disse
posso salvar você. Ou seja
isto é um teste.

18.
Quem é "você"? Por exemplo em

"Você está cansada de dor invisível?"

19.
Como um passarinho barrado da luz do dia:

foi assim minha infância.

20.
Eu era o homem porque era mais alta.

Mas eu não era alta —
será que nunca me olhava no espelho?

21.
Silêncio no quarto das crianças,
o jardim das consultas. Depois:

O que a harpa sugere?

22.
*I know what you want—
you want Orpheus, you want death.*

Orpheus who said "Help me find Eurydice."

*Then the music began, the lament of the soul
watching the body vanish.*

22.
Sei o que você quer —
você quer Orfeu, você quer morte.

Orfeu, que disse "Me ajude a encontrar Eurídice".

Depois começou a música, o lamento da alma
olhando o corpo sumir.

II

The Evening Star

*Tonight, for the first time in many years,
there appeared to me again
a vision of the earth's splendor:*

*in the evening sky
the first star seemed
to increase in brilliance
as the earth darkened*

*until at last it could grow no darker.
And the light, which was the light of death,
seemed to restore to earth*

*its power to console. There were
no other stars. Only the one
whose name I knew*

*as in my other life I did her
injury: Venus,
star of the early evening,*

*to you I dedicate
my vision, since on this blank surface*

A estrela da tarde

Esta noite, pela primeira vez em muitos anos,
me apareceu de novo
uma visão do esplendor da terra:

no céu de fim de tarde
a primeira estrela parecia
ficar mais brilhante
à medida que a terra escurecia

até que afinal ela não pôde escurecer mais.
E a luz, que era a luz da morte,
parecia restituir à terra

seu poder de consolar. Não havia
outras estrelas. Só aquela única
cujo nome eu sabia

já que na minha outra vida
eu a ferira: Vênus,
estrela do início da noite,

a você eu dedico
minha visão, já que nessa área em branco

*you have cast enough light
to make my thought
visible again.*

você projetou luz suficiente
para tornar meu pensamento
outra vez visível.

Landscape

> —for Keith Monley

1.
The sun is setting behind the mountains,
the earth is cooling.
A stranger has tied his horse to a bare chestnut tree.
The horse is quiet—he turns his head suddenly,
hearing, in the distance, the sound of the sea.

I make my bed for the night here,
spreading my heaviest quilt over the damp earth.

The sound of the sea—
when the horse turns its head, I can hear it.

On a path through the bare chestnut trees,
a little dog trails its master.

The little dog—didn't he used to rush ahead,
straining the leash, as though to show his master
what he sees there, there in the future—

the future, the path, call it what you will.

Behind the trees, at sunset, it is as though a great fire
is burning between two mountains

Paisagem

para Keith Monley

1.
O sol está se pondo atrás das montanhas,
a terra está esfriando.
Um estranho amarrou seu cavalo a uma castanheira
                                        [desfolhada.
O cavalo está quieto — vira a cabeça de repente,
ouvindo, na distância, o barulho do mar.

Faço minha cama para passar a noite aqui,
abrindo minha manta mais grossa sobre a terra úmida.

O barulho do mar —
quando o cavalo vira a cabeça, consigo ouvi-lo.

Numa trilha em meio às castanheiras desfolhadas
um cachorrinho vai atrás do dono.

O cachorrinho — ele não costumava correr na frente,
forçando a guia, como se quisesse mostrar ao dono
o que está vendo lá, lá, no futuro? —

o futuro, a trilha, chame como quiser.

Atrás das árvores, quando o sol se põe, é como se um
                                          [grande incêndio
ardesse entre duas montanhas

*so that the snow on the highest precipice
seems, for a moment, to be burning also.*

*Listen: at the path's end the man is calling out.
His voice has become very strange now,
the voice of a person calling to what he can't see.*

Over and over he calls out among the dark chestnut trees.

*Until the animal responds
faintly, from a great distance,
as though this thing we fear
were not terrible.*

Twilight: the stranger has untied his horse.

*The sound of the sea—
just memory now.*

*2.
Time passed, turning everything to ice.
Under the ice, the future stirred.
If you fell into it, you died.*

*It was a time
of waiting, of suspended action.*

*I lived in the present, which was
that part of the future you could see.
The past floated above my head,*

de modo que a neve no precipício mais alto
parece, por um momento, arder também.

Ouça: no fim da trilha o homem está gritando.
A voz dele ficou muito estranha agora,
a voz de uma pessoa gritando para o que não pode ver.

Uma e outra vez ele grita entre as castanheiras escuras.

Até o animal responder
baixinho, de muito longe,
como se essa coisa que tememos
não fosse terrível.

Crepúsculo: o estranho desamarrou o cavalo.

O barulho do mar —
só memória, agora.

2.
O tempo passou, transformando tudo em gelo.
Sob o gelo, o futuro palpitava.
Se você caísse nele, morria.

Era um tempo
de espera, de ação interrompida.

Eu vivia no presente, que era
a parte do futuro que dava para ver.
O passado flutuava sobre minha cabeça,

like the sun and moon, visible but never reachable.

*It was a time
governed by contradictions, as in
I felt nothing and
I was afraid.*

*Winter emptied the trees, filled them again with snow.
Because I couldn't feel, snow fell, the lake froze over.
Because I was afraid, I didn't move;
my breath was white, a description of silence.*

*Time passed, and some of it became this.
And some of it simply evaporated;
you could see it float above the white trees
forming particles of ice.*

*All your life, you wait for the propitious time.
Then the propitious time
reveals itself as action taken.*

*I watched the past move, a line of clouds moving
from left to right or right to left,
depending on the wind. Some days*

*there was no wind. The clouds seemed
to stay where they were,
like a painting of the sea, more still than real.*

como o sol e a lua, visível mas nunca ao alcance da mão.

Era um tempo
regido por contradições, como em
Eu não sentia nada e
Eu tinha medo.

O inverno pelou as árvores, encheu-as outra vez de neve.
Porque eu não sentia nada, a neve caiu, o lago congelou.
Porque eu tinha medo, não me movi;
meu hálito era branco, uma descrição do silêncio.

O tempo passou, e parte dele se transformou nisto.
E parte dele simplesmente evaporou;
dava para ver o tempo flutuar sobre as árvores brancas
formando partículas de gelo.

A vida inteira você espera pela hora propícia.
Então a hora propícia
se revela como ação realizada.

Eu olhava o passado mover-se, uma sequência de nuvens
                                      [movendo-se
da esquerda para a direita ou da direita para a esquerda,
dependendo do vento. Em certos dias

não havia vento. As nuvens pareciam
ficar onde estavam,
como uma pintura do mar, mais paradas que reais.

*Some days the lake was a sheet of glass.
Under the glass, the future made
demure, inviting sounds:
you had to tense yourself so as not to listen.

Time passed; you got to see a piece of it.
The years it took with it were years of winter;
they would not be missed. Some days

there were no clouds, as though
the sources of the past had vanished. The world

was bleached, like a negative; the light passed
directly through it. Then
the image faded.

Above the world
there was only blue, blue everywhere.

3.
In late autumn a young girl set fire to a field
of wheat. The autumn

had been very dry; the field
went up like tinder.

Afterward there was nothing left.
You walk through it, you see nothing.

There's nothing to pick up, to smell.
The horses don't understand it—*

Em certos dias o lago era um lençol de gelo.
Sob o gelo, o futuro fazia
barulhos humildes, convidativos:
você precisava se retesar para não ouvir.

O tempo passou; já dava para ver um pedaço dele.
Os anos que ele levou consigo eram anos de inverno;
não fariam falta. Em certos dias

não havia nuvens, como se
as fontes do passado tivessem sumido. O mundo

era sem cor, como um negativo; a luz passava
diretamente através dele. Depois
a imagem se dissipava.

Acima do mundo
havia somente azul, azul por toda parte.

3.
No fim do outono uma garota tocou fogo num campo
de trigo. O outono

havia sido muito seco; o campo
ardeu como graveto seco.

Depois não sobrou nada.
Você anda por ele, não vê nada.

Não há nada para pegar do chão, cheirar.
Os cavalos não entendem —

Where is the field, they seem to say.
The way you and I would say
where is home.

No one knows how to answer them.
There is nothing left;
you have to hope, for the farmer's sake,
the insurance will pay.

It is like losing a year of your life.
To what would you lose a year of your life?

Afterward, you go back to the old place—
all that remains is char: blackness and emptiness.

You think: how could I live here?

But it was different then,
even last summer. The earth behaved

as though nothing could go wrong with it.

One match was all it took.
But at the right time—it had to be the right time.

The field parched, dry—
the deadness in place already
so to speak.

onde está o campo, parecem dizer.
Assim como você e eu diríamos
onde está a nossa casa?

Ninguém sabe como responder.
Não sobrou nada;
só resta esperar, em apoio ao camponês,
que o seguro pague.

É como perder um ano de sua vida.
Em troca do que você perderia um ano de sua vida?

Depois, você volta ao lugar de antes —
só o que resta é carvão: negrume e vazio.

Você pensa: como pude viver aqui?

Mas na época era diferente,
inclusive no último verão. A terra se comportava

como se nada de ruim pudesse acontecer com ela.

Bastou um fósforo.
Mas na hora certa — precisava ser na hora certa.

O campo calcinado, seco —
o estado de morte já instalado
por assim dizer.

4.
I fell asleep in a river, I woke in a river,
of my mysterious
failure to die I can tell you
nothing, neither
who saved me nor for what cause—

There was immense silence.
No wind. No human sound.
The bitter century

was ended,
the glorious gone, the abiding gone,

the cold sun
persisting as a kind of curiosity, a memento,
time streaming behind it—

The sky seemed very clear,
as it is in winter,
the soil dry, uncultivated,

the official light calmly
moving through a slot in air

dignified, complacent,
dissolving hope,
subordinating images of the future to signs of the future's
                              [passing—

4.
Adormeci num rio, acordei num rio,
a respeito de meu misterioso
fracasso em morrer nada posso
contar, nem
quem me salvou nem por que motivo —

Havia imenso silêncio.
Nenhum vento. Nenhum som humano.
O amargo século

estava encerrado,
o glorioso findo, o perene findo,

o sol frio
persistindo como uma curiosidade, talvez, um lembrete,
o tempo escoando atrás —

O céu parecia muito claro,
como é no inverno,
o solo ressecado, inculto,

a luz oficial movendo-se
calmamente por uma brecha no ar

decorosa, complacente,
dissolvendo a esperança
subordinando imagens do futuro a signos do transcurso
                                            [do futuro —

*I think I must have fallen.
When I tried to stand, I had to force myself,
being unused to physical pain—*

*I had forgotten
how harsh these conditions are:*

*the earth not obsolete
but still, the river cold, shallow—*

*Of my sleep, I remember
nothing. When I cried out,
my voice soothed me unexpectedly.*

*In the silence of consciousness I asked myself:
why did I reject my life? And I answer*
Die Erde überwältigt mich:
the earth defeats me.

*I have tried to be accurate in this description
in case someone else should follow me. I can verify
that when the sun sets in winter it is
incomparably beautiful and the memory of it
lasts a long time. I think this means*

*there was no night.
The night was in my head.*

Acho que devo ter caído.
Quando tentei ficar em pé, tive de me forçar,
desafeita à dor física —

Tinha esquecido
de como essas condições são rudes:

a terra não obsoleta
mas quieta, o rio frio, raso —

Do meu sono, não lembro
nada. Quando soltei um grito,
minha voz inesperadamente me confortou.

No silêncio da minha consciência perguntei a mim mesma:
por que rejeitei minha vida? E respondo
Die Erde überwältigt mich:
a terra me sobrepuja.

Tentei ser acurada nesta descrição
para o caso de alguém me seguir. Posso constatar
que quando o sol se põe no inverno ele é
incomparavelmente belo e a lembrança dele
perdura por longo tempo. Acho que isso significa

que não houve noite.
A noite estava em minha cabeça.

5.
After the sun set
we rode quickly, in the hope of finding
shelter before darkness.

I could see the stars already,
first in the eastern sky:

we rode, therefore,
away from the light
and toward the sea, since
I had heard of a village there.

After some time, the snow began.
Not thickly at first, then
steadily until the earth
was covered with a white film.

The way we traveled showed
clearly when I turned my head—
for a short while it made
a dark trajectory across the earth—

Then the snow was thick, the path vanished.
The horse was tired and hungry;
he could no longer find
sure footing anywhere. I told myself:

I have been lost before, I have been cold before.
The night has come to me
exactly this way, as a premonition—

5.
Depois que o sol se pôs
aceleramos o carro, na esperança de achar
abrigo antes de escurecer.

Eu já podia ver as estrelas,
primeiro no céu a leste:

aceleramos, portanto,
para longe da luz
e na direção do mar, já que
tinham me falado de um povoado ali.

Passado algum tempo, a neve começou.
Pouca no início, depois
continuamente até a terra
ficar coberta por uma película branca.

O caminho que percorríamos aparecia
claramente quando eu virava a cabeça —
por um curto período ele foi
uma trajetória escura em cima da terra —

Depois a neve engrossou, a trilha sumiu.
O cavalo estava cansado e com fome;
já não conseguia encontrar
chão firme em lugar nenhum. Falei para mim mesma:

Já me perdi antes, já senti frio antes.
A noite me envolveu
exatamente assim, como uma premonição —

And I thought: if I am asked
to return here, I would like to come back
as a human being, and my horse

to remain himself. Otherwise
I would not know how to begin again.

E eu pensei: se me disserem
para voltar a este lugar, eu gostaria de voltar
como ser humano, e que meu cavalo

continuasse sendo ele mesmo. Caso contrário
eu não saberia por onde começar de novo.

A Myth of Innocence

*One summer she goes into the field as usual
stopping for a bit at the pool where she often
looks at herself, to see
if she detects any changes. She sees
the same person, the horrible mantle
of daughterliness still clinging to her.*

*The sun seems, in the water, very close.
That's my uncle spying again, she thinks—
Everything in nature is in some way her relative.
I am never alone, she thinks,
turning the thought into a prayer.
Then death appears, like the answer to a prayer.*

*No one understands anymore
how beautiful he was. But Persephone remembers.
Also that he embraced her, right there,
with her uncle watching. She remembers
sunlight flashing on his bare arms.*

*This is the last moment she remembers clearly.
Then the dark god bore her away.*

Um mito de inocência

Certa manhã ela se dirige ao campo como sempre
parando um momento junto ao laguinho onde muitas vezes
olha para si mesma, para ver
se detecta alguma mudança. Ela vê
a mesma pessoa, o horrível manto
da condição de filha ainda pendurado nela.

O sol parece, na água, muito próximo.
Lá está meu tio espiando de novo, ela pensa —
tudo na natureza é de alguma forma seu parente.
Eu nunca estou sozinha, ela pensa,
transformando o pensamento numa prece.
Nisso a morte se mostra, como se fosse a resposta a uma prece.

Ninguém mais compreende
como ele era belo. Mas Perséfone se lembra.
Também de que ele a abraçou, bem ali,
com o tio dela olhando. Ela se lembra
do sol cintilando nos braços nus dele.

Esse é o último momento de que ela se lembra com clareza.
Depois o deus escuro a carregou dali.

*She also remembers, less clearly,
the chilling insight that from this moment
she couldn't live without him again.*

*The girl who disappears from the pool
will never return. A woman will return,
looking for the girl she was.*

*She stands by the pool saying, from time to time,
I was abducted, but it sounds
wrong to her, nothing like what she felt.
Then she says,* I was not abducted.

Then she says, I offered myself, I wanted
to escape my body. *Even, sometimes,*
I willed this. *But ignorance*

*cannot will knowledge. Ignorance
wills something imagined, which it believes exists.*

*All the different nouns—
she says them in rotation.*
Death, husband, god, stranger.
*Everything sounds so simple, so conventional.
I must have been, she thinks, a simple girl.*

*She can't remember herself as that person
but she keeps thinking the pool will remember
and explain to her the meaning of her prayer
so she can understand
whether it was answered or not.*

Ela também se lembra, com menos clareza,
do sentimento aterrador de que a partir daquele momento
não poderia mais viver sem ele.

A garota que desaparece do laguinho
nunca mais vai voltar. Uma mulher voltará,
procurando a garota que ela era.

Em pé junto ao laguinho ela diz, de vez em quando,
Fui sequestrada, mas a frase para ela
não soa como deveria, nada a ver com o que sentiu.
Então ela diz, *Não fui sequestrada*.

Então ela diz, *Eu me ofereci, eu queria
fugir do meu corpo*. Diz mesmo, às vezes,
Foi um comando meu. Mas a ignorância

não consegue comandar o conhecimento. A ignorância
comanda uma coisa imaginada, que acredita que exista.

Todos os diferentes nomes —
ela pronuncia um após outro.
Morte, marido, deus, estranho.
Tudo soa tão simples, tão convencional.
Devo ter sido, ela pensa, uma garota simples.

Não consegue lembrar-se de si como aquela pessoa
mas acredita firmemente que o laguinho se lembra
e que lhe explicará o significado de sua prece
para que possa entender
se foi atendida ou não.

Archaic Fragment

—for Dana Levin

I was trying to love matter.
I taped a sign over the mirror:
You cannot hate matter and love form.

It was a beautiful day, though cold.
This was, for me, an extravagantly emotional gesture.

. . . . your poem:
tried, but could not.

I taped a sign over the first sign:
Cry, weep, thrash yourself, rend your garments—

List of things to love:
dirt, food, shells, human hair.

. . . . said
tasteless excess. Then I

rent the signs.

AIAIAIAI cried
the naked mirror.

Fragmento arcaico

para Dana Levin

Eu estava tentando amar a matéria.
Colei um aviso no espelho:
É impossível odiar a matéria e amar a forma.

Era um dia lindo, mas frio.
Isso, para mim, era um gesto extravagantemente
emotivo.

. . . . seu poema:
tentei, mas não consegui.

Colei um aviso por cima do primeiro aviso:
Chore, soluce, se debata, rasgue as roupas —

Lista de coisas para amar:
poeira, comida, conchas, cabelo humano.

. . . . disse
exagero de mau gosto. Então eu

rasguei os avisos.

AIAIAIAI chorou
o espelho nu.

Blue Rotunda

I am tired of having hands
she said
I want wings—

But what will you do without your hands
to be human?

I am tired of human
she said
I want to live on the sun—

●

Pointing to herself:

Not here.
There is not enough
warmth in this place.
Blue sky, blue ice

the blue rotunda
lifted over
the flat street—

And then, after a silence:

Rotunda azul

Estou cansada de ter mãos
ela disse
quero asas —

Mas como você vai fazer, sem as mãos,
para ser humana?

Estou cansada de humana
ela disse
quero viver no sol —

•

Apontando para si mesma:

Não aqui.
Não existe calor
suficiente neste lugar.
Céu azul, gelo azul

a rotunda azul
erguida sobre
a rua plana —

E então, depois de um silêncio:

•

I want
my heart back
I want to feel everything again—

That's what
the sun meant: it meant
scorched—

•

It is not finally
interesting to remember.
The damage

is not interesting.
No one who knew me then
is still alive.

My mother
was a beautiful woman—
they all said so.

•

I have to imagine
everything
she said

•

Eu quero
meu coração de volta
quero sentir tudo outra vez —

Era este
o significado do sol: ele significava
escaldada—

•

Afinal de contas não é
interessante lembrar-se.
O dano

não é interessante.
Ninguém que me conhecia na época
continua vivo.

Minha mãe
era uma mulher bonita —
todos diziam isso.

•

Preciso imaginar
tudo
ela dizia

*I have to act
as though there is actually
a map to that place:*

when you were a child—

    •

And then:

*I'm here
because it wasn't true; I
distorted it—*

    •

*I want she said
a theory that explains
everything*

*in the mother's eye
the invisible
splinter of foil*

*the blue ice
locked in the iris—*

    •

Then:

preciso agir
como se na verdade houvesse
um mapa para aquele lugar:

quando você era pequena —

•

E em seguida:

Estou aqui
porque não era verdade; eu
distorci a coisa —

•

Eu quero, ela disse,
uma teoria que explique
tudo

aos olhos da mãe
a invisível
lasca de alumínio

o gelo azul
preso na íris —

•

Em seguida:

I want it
to be my fault
she said
so I can fix it—

•

Blue sky, blue ice,
street like a frozen river

you're talking
about my life
she said

•

except
she said
you have to fix it

in the right order
not touching the father
until you solve the mother

•

a black space
showing
where the word ends

Eu quero
que a culpa seja minha
ela disse
para poder consertar —

•

Céu azul, gelo azul,
rua feito rio congelado

você está falando
da minha vida
ela disse

•

só que
ela disse
você precisa consertá-la

na ordem correta
sem mexer no pai
enquanto não resolve a mãe

•

um espaço preto
mostrando
onde a palavra acaba

like a crossword saying
you should take a breath now

the black space meaning
when you were a child—

•

And then:

the ice
was there for your own protection

to teach you
not to feel—

the truth
she said

I thought it would be like
a target, you would see

the center—

•

Cold light filling the room.

I know where we are
she said

como nas palavras cruzadas, dizendo
aqui dê uma respirada

o espaço preto significando
quando você era pequena —

•

E em seguida:

o gelo
estava ali para sua própria proteção

para ensinar-lhe
a não sentir —

a verdade
ela disse

é que eu achei que seria como
um alvo, você veria

o centro —

•

Luz fria enchendo a sala.

Eu sei onde estamos
ela disse

*that's the window
when I was a child*

*That's my first home, she said
that square box—
go ahead and laugh.*

*Like the inside of my head:
you can see out
but you can't go out—*

•

*Just think
the sun was there, in that bare place*

*the winter sun
not close enough to reach
the children's hearts*

*the light saying
you can see out
but you can't go out*

*Here, it says,
here is where everything belongs*

ali é a janela
quando eu era pequena.

Ali é meu primeiro lar, ela disse
aquela caixa quadrada —
pode rir, não faz mal.

Como o interior da minha cabeça:
dá para ver fora
mas não se consegue ir para fora —

   •

Pense bem
o sol estava lá, naquele lugar vazio

o sol do inverno
não tão perto que chegasse
aos corações das crianças

a luz dizendo
dá para ver fora
mas não se consegue ir para fora

Aqui, diz ela,
é aqui o lugar de todas as coisas

A Myth of Devotion

*When Hades decided he loved this girl
he built for her a duplicate of earth,
everything the same, down to the meadow,
but with a bed added.*

*Everything the same, including sunlight,
because it would be hard on a young girl
to go so quickly from bright light to utter darkness.*

*Gradually, he thought, he'd introduce the night,
first as the shadows of fluttering leaves.
Then moon, then stars. Then no moon, no stars.
Let Persephone get used to it slowly.
In the end, he thought, she'd find it comforting.*

*A replica of earth
except there was love here.
Doesn't everyone want love?*

*He waited many years,
building a world, watching
Persephone in the meadow.
Persephone, a smeller, a taster.
If you have one appetite, he thought,
you have them all.*

Um mito de devoção

Quando Hades concluiu que amava aquela garota
construiu para ela uma duplicata da terra,
tudo igual, até mesmo o prado,
só que com uma cama.

Tudo igual, inclusive a luz do sol,
porque seria ingrato para uma garota
passar tão depressa da luz intensa para a escuridão completa.

Gradualmente, ele pensou, introduziria a noite,
primeiro como as sombras de folhas em movimento.
Depois lua, depois estrelas. Depois sem lua, sem estrelas.
Que Perséfone se acostumasse devagar.
No fim, pensou, ela acharia reconfortante.

Uma réplica da terra
só que ali havia amor.
Todo mundo quer amor, não?

Ele esperou muitos anos,
construindo um mundo, observando
Perséfone no prado.
Perséfone atenta a gostos, a cheiros.
Quem tem um apetite, ele pensava,
tem todos.

*Doesn't everyone
want to feel in the night
the beloved body, compass, polestar,
to hear the quiet breathing that says
I am alive, that means also
you are alive, because you hear me,
you are here with me. And when one turns,
the other turns—*

*That's what he felt, the lord of darkness,
looking at the world he had
constructed for Persephone. It never crossed his mind
that there'd be no more smelling here,
certainly no more eating.*

*Guilt? Terror? The fear of love?
These things he couldn't imagine;
no lover ever imagines them.*

*He dreams, he wonders what to call this place.
First he thinks:* The New Hell. *Then:* The Garden.
In the end, he decides to name it
Persephone's Girlhood.

*A soft light rising above the level meadow,
behind the bed. He takes her in his arms.
He wants to say* I love you, nothing can hurt you

*but he thinks
this is a lie, so he says in the end*

Todos desejam sentir, quando é noite,
o corpo amado, norte, estrela-guia,
ouvir a respiração serena que diz
estou viva, que também significa
que você está vivo, porque me ouve,
você está aqui comigo, não? E quando um se vira,
o outro se vira —

É o que ele sentiu, o senhor das trevas,
ao contemplar o mundo que havia
construído para Perséfone. Nunca lhe passou pela cabeça
que ali já não haveria nada para cheirar,
certamente nada para comer.

Culpa? Terror? Medo do amor?
Essas coisas ele não conseguia imaginar;
nenhum amante as imagina em tempo algum.

Ele sonha, ele se pergunta que nome dar àquele lugar.
Primeiro pensa: *O Novo Inferno*. Depois: *O Jardim*.
No fim, resolve chamá-lo
A Meninice de Perséfone.

Uma luz suave subindo sobre o prado raso,
por trás da cama. Ele a toma nos braços.
Quer dizer *Amo você, nada vai magoá-la*

mas pensa
isso é mentira, então no fim diz

you're dead, nothing can hurt you
which seems to him
a more promising beginning, more true.

você está morta, nada vai magoá-la
que lhe parece
um início mais promissor, mais verdadeiro.

Averno

1.
You die when your spirit dies.
Otherwise, you live.
You may not do a good job of it, but you go on—
something you have no choice about.

When I tell this to my children
they pay no attention.
The old people, they think—
this is what they always do:
talk about things no one can see
to cover up all the brain cells they're losing.
They wink at each other;
listen to the old one, talking about the spirit
because he can't remember anymore the word for chair.

It is terrible to be alone.
I don't mean to live alone—
to be alone, where no one hears you.

I remember the word for chair.
I want to say—I'm just not interested anymore.

I wake up thinking
you have to prepare.

Averno

1.
Você morre quando seu espírito morre.
Do contrário, vive.
Talvez não faça um bom trabalho, mas vai em frente —
coisa em relação à qual não tem escolha.

Quando digo isso a meus filhos
eles não prestam atenção.
Os velhos, pensam eles —
é isto que eles fazem o tempo todo:
falam de coisas que ninguém consegue ver
para disfarçar as células cerebrais que estão perdendo.
Piscam um para o outro;
ouçam só essa velha, falando sobre o espírito
porque não consegue se lembrar da palavra cadeira.

É terrível ser sozinha.
Não me refiro a viver sozinha —
mas a ser sozinha, sem ninguém que nos ouça.

Me lembro da palavra cadeira.
Quero dizer — simplesmente já não estou interessada.

Acordo pensando
você precisa se preparar.

Soon the spirit will give up—
all the chairs in the world won't help you.

I know what they say when I'm out of the room.
Should I be seeing someone, should I be taking
one of the new drugs for depression.
I can hear them, in whispers, planning how to divide the cost.

And I want to scream out
you're all of you living in a dream.

Bad enough, they think, to watch me falling apart.
Bad enough without this lecturing they get these days
as though I had any right to this new information.

Well, they have the same right.

They're living in a dream, and I'm preparing
to be a ghost. I want to shout out

the mist has cleared—
It's like some new life:
you have no stake in the outcome;
you know the outcome.

Think of it: sixty years sitting in chairs. And now the mortal spirit
seeking so openly, so fearlessly—

Em breve o espírito vai ceder —
nem todas as cadeiras do mundo terão como ajudar.

Sei o que eles dizem quando saio da sala.
Será que é o caso de eu ver um médico, de eu tomar
um desses remédios novos para depressão?
Posso ouvi-los cochichar, pensando em como dividir os custos.

E quero berrar
todos vocês estão vivendo num sonho.

Já é lamentável, eles acham, ver como eu me desmancho.
Já é lamentável sem os sermões que têm ouvido ultimamente
como se eu tivesse algum direito a essas novas informações.

Bem, eles têm o mesmo direito.

Estão vivendo num sonho enquanto eu me preparo
para ser um fantasma. Quero gritar

a névoa se dissipou —
É como uma nova vida:
você não tem voz quanto ao desenlace;
você sabe qual é o desenlace.

Pense nisto: sessenta anos sentada em cadeiras. E agora
                                [o espírito mortal
querendo tão abertamente, tão temerariamente —

To raise the veil.
To see what you're saying goodbye to.

2.
I didn't go back for a long time.
When I saw the field again, autumn was finished.
Here, it finishes almost before it starts—
the old people don't even own summer clothing.

The field was covered with snow, immaculate.
There wasn't a sign of what happened here.
You didn't know whether the farmer
had replanted or not.
Maybe he gave up and moved away.

The police didn't catch the girl.
After awhile they said she moved to some other country,
one where they don't have fields.

A disaster like this
leaves no mark on the earth.
And people like that—they think it gives them
a fresh start.

I stood a long time, staring at nothing.
After a bit, I noticed how dark it was, how cold.

A long time—I have no idea how long.
Once the earth decides to have no memory
time seems in a way meaningless.

Erguer o véu.
Para ver do que você está se despedindo.

2.
Passei muito tempo sem voltar.
Quando vi de novo o campo, o outono tinha acabado.
Aqui, o outono acaba quase antes de começar —
os velhos nem têm roupa de verão.

O campo estava coberto de neve, imaculado.
Nem rastro do que se passara aqui.
Não dava para saber se o camponês
tinha ou não refeito o plantio.
Talvez tenha desistido e se mudado.

A polícia não apanhou a garota.
Depois de um tempo disseram que ela havia se mudado
                        [para outro país qualquer
um país sem campos.

Um desastre como esse
não deixa marcas na terra.
E as pessoas desse tipo — elas acham que assim
partem do zero.

Passei muito tempo em pé olhando para coisa alguma.
Depois percebi como estava escuro, frio.

Muito tempo — não faço ideia de quanto tempo.
Quando a terra decide não ter memória
de certa forma o tempo parece sem sentido.

*But not to my children. They're after me
to make a will; they're worried the government
will take everything.*

*They should come with me sometime
to look at this field under the cover of snow.
The whole thing is written out there.*

Nothing: I have nothing to give them.

*That's the first part.
The second is: I don't want to be burned.*

3.
*On one side, the soul wanders.
On the other, human beings living in fear.
In between, the pit of disappearance.*

*Some young girls ask me
if they'll be safe near Averno—
they're cold, they want to go south a little while.
And one says, like a joke, but not too far south—*

*I say, as safe as anywhere,
which makes them happy.
What it means is nothing is safe.*

*You get on a train, you disappear.
You write your name on the window, you disappear.*

Mas não para os meus filhos, que insistem o tempo todo
para eu fazer um testamento; acham que o governo
vai ficar com tudo.

Um dia desses eles deveriam vir comigo
olhar para esse campo sob uma capa de neve.
A coisa toda está escrita aqui.

Nada. Não tenho nada para dar a eles.

Essa é a primeira parte.
A segunda é: não quero ser queimada.

3.
De um lado, a alma vagueia.
Do outro, seres humanos vivem com medo.
No meio, o poço da extinção.

Algumas garotas me perguntam
se estarão seguras nas proximidades do Averno —
têm frio, querem passar um tempinho no sul.
E uma diz, brincando, mas não tão ao sul —

Eu digo, tão seguras quanto em qualquer lugar,
o que as deixa felizes.
O significado é: nada é seguro.

Você entra num trem, você desaparece.
Você escreve seu nome na janela, você desaparece.

*There are places like this everywhere,
places you enter as a young girl,
from which you never return.*

*Like the field, the one that burned.
Afterward, the girl was gone.
Maybe she didn't exist,
we have no proof either way.*

*All we know is:
the field burned.
But we saw that.*

*So we have to believe in the girl,
in what she did. Otherwise
it's just forces we don't understand
ruling the earth.*

*The girls are happy, thinking of their vacation.
Don't take a train, I say.*

*They write their names in mist on a train window.
I want to say, you're good girls,
trying to leave your names behind.*

*4.
We spent the whole day
sailing the archipelago,
the tiny islands that were
part of the peninsula*

Há lugares assim em toda parte,
lugares nos quais você entra garota
e dos quais nunca mais volta.

Como o campo, o que queimou.
Depois, a garota havia sumido.
Talvez ela não existisse,
não há prova nem de uma coisa nem de outra.

Só o que sabemos é:
o campo queimou.
Mas isso nós *vimos*.

De modo que precisamos acreditar na garota,
no que ela fez. Caso contrário
são apenas forças que não entendemos
regendo a terra.

As garotas estão felizes, pensando nas férias.
Não tomem trem, digo.

Elas escrevem seus nomes na janela embaçada de um trem.
Penso em dizer, vocês são boas garotas,
tentando deixar seus nomes para trás.

4.
Passamos o dia inteiro
navegando pelo arquipélago,
pelas ilhas minúsculas que foram
parte da península

*until they'd broken off
into the fragments you see now
floating in the northern sea water.*

*They seemed safe to me,
I think because no one can live there.*

*Later we sat in the kitchen
watching the evening start and then the snow.
First one, then the other.*

*We grew silent, hypnotized by the snow
as though a kind of turbulence
that had been hidden before
was becoming visible,*

*something within the night
exposed now—*

*In our silence, we were asking
those questions friends who trust each other
ask out of great fatigue,
each one hoping the other knows more*

*and when this isn't so, hoping
their shared impressions will amount to insight.*

Is there any benefit in forcing upon oneself
the realization that one must die?
Is it possible to miss the opportunity of one's life?

até se dividirem
nos fragmentos que vocês veem agora
flutuando na água do mar do norte.

Para mim pareciam seguras,
acho que porque ninguém pode viver ali.

Mais tarde sentados na cozinha
olhamos a noite chegar, depois a neve.
Primeiro uma, depois a outra.

Fomos ficando em silêncio, hipnotizados pela neve
como se uma espécie de turbulência
que antes estivesse escondida
começasse a ficar visível,

algo no interior da noite
exposto agora —

Em nosso silêncio, estávamos fazendo
as perguntas que amigos que confiam um no outro
fazem por estar muito cansados
cada um na esperança de que o outro saiba mais

e quando isso não se verifica, na esperança
de que as impressões partilhadas configurem uma
                                        [clarividência.

Existe algum benefício em forçarmo-nos a admitir
a percepção de que temos de morrer?
É possível deixar de reconhecer a oportunidade de nossa vida?

Questions like that.

*The snow heavy. The black night
transformed into busy white air.*

*Something we hadn't seen revealed.
Only the meaning wasn't revealed.*

*5.
After the first winter, the field began to grow again.
But there were no more orderly furrows.
The smell of the wheat persisted, a kind of random aroma
intermixed with various weeds, for which
no human use has been as yet devised.*

*It was puzzling—no one knew
where the farmer had gone.
Some people thought he died.
Someone said he had a daughter in New Zealand,
that he went there to raise
grandchildren instead of wheat.*

*Nature, it turns out, isn't like us;
it doesn't have a warehouse of memory.
The field doesn't become afraid of matches,
of young girls. It doesn't remember
furrows either. It gets killed off, it gets burned,
and a year later it's alive again
as though nothing unusual has occurred.*

Perguntas desse tipo.

A neve pesada. A noite negra
transformada em ar branco operoso.

Algo que ainda não víramos, revelado.
Somente o sentido não foi revelado.

5.
Passado o primeiro inverno, o campo se cobriu de novos
                                                     [brotos.
Mas já não havia sulcos bem ordenados.
O cheiro do trigo permanecia, uma espécie de aroma
                                          [aleatório
entremeado a várias ervas daninhas, para as quais
nenhuma utilidade humana foi concebida até hoje.

Era intrigante — ninguém sabia
que fim tinha levado o agricultor.
Algumas pessoas achavam que havia morrido.
Alguém falou que ele tinha uma filha na Nova Zelândia,
que fora para lá para criar
netos em vez de trigo.

A natureza, se vê, não é como nós;
não dispõe de um reservatório de memória.
O campo não passa a ter medo de fósforos
ou de garotas. Não se lembra
de sulcos, também. É aniquilado, é queimado,
e um ano depois está vivo outra vez
como se nada de mais tivesse acontecido.

The farmer stares out the window.
Maybe in New Zealand, maybe somewhere else.
And he thinks: my life is over.
His life expressed itself in that field;
he doesn't believe anymore in making anything
out of earth. The earth, he thinks,
has overpowered me.

He remembers the day the field burned,
not, he thinks, by accident.
Something deep within him said: I can live with this,
I can fight it after awhile.

The terrible moment was the spring after his work was
erased,
when he understood that the earth
didn't know how to mourn, that it would change instead.
And then go on existing without him.

O camponês olha pela janela.
Talvez na Nova Zelândia, talvez em outro lugar.
E pensa: *minha vida acabou*.
A expressão de sua vida era aquele campo;
ele não acredita mais em tirar alguma coisa
da terra. A terra, ele pensa,
me derrotou.

Relembra o dia em que o campo queimou,
não por acidente, pensa.
Algo no fundo dele declarou: *consigo viver com isso,*
consigo encarar isso daqui a um tempo.

O momento terrível foi a primavera depois de seu
                                [trabalho ser devastado,
quando ele entendeu que a terra
não sabia lamentar, que em vez disso ficaria diferente.
E depois continuaria existindo sem ele.

Omens

*I rode to meet you: dreams
like living beings swarmed around me
and the moon on my right side
followed me, burning.*

*I rode back: everything changed.
My soul in love was sad
and the moon on my left side
trailed me without hope.*

*To such endless impressions
we poets give ourselves absolutely,
making, in silence, omen of mere event,
until the world reflects the deepest needs of the soul.*

after Alexander Pushkin

Agouros

Fui de carro encontrar você: sonhos
como seres vivos enxameavam à minha volta
e a lua, à direita,
me acompanhava, ardendo.

Fiz o caminho de volta: tudo transformado.
Minha alma amorosa estava triste
e a lua, à esquerda,
vinha atrás sem esperança.

A impressões ilimitadas como essas
nós poetas nos entregamos inteiros,
vendo, em silêncio, agouro em coisa boba,
à espera de que o mundo reflita as necessidades
                [mais fundas da alma.

conforme Aleksandr Púchkin

Telescope

*There is a moment after you move your eye away
when you forget where you are
because you've been living, it seems,
somewhere else, in the silence of the night sky.*

*You've stopped being here in the world.
You're in a different place,
a place where human life has no meaning.*

*You're not a creature in a body.
You exist as the stars exist,
participating in their stillness, their immensity.*

*Then you're in the world again.
At night, on a cold hill,
taking the telescope apart.*

*You realize afterward
not that the image is false
but the relation is false.*

*You see again how far away
each thing is from Every other thing.*

Telescópio

Há um momento depois que você afasta o olho
em que você esquece onde está
porque viveu por um tempo, parece,
em algum outro lugar, no silêncio do céu noturno.

Você deixou de estar aqui no mundo.
Está num lugar diferente,
um lugar onde a vida humana não significa nada.

Você não é uma criatura em um corpo.
Você existe como as estrelas existem,
participando de sua imobilidade, sua imensidão.

Depois você está outra vez no mundo.
À noite, na colina gelada,
desmontando o telescópio.

Você se dá conta mais tarde
não de que a imagem é falsa
mas de que a relação é falsa.

Você vê outra vez a que distância
está cada coisa de cada outra coisa.

Thrush

—for Noah Max Horwitz and Susan Kimmelman, in memory

Snow began falling, over the surface of the whole earth.
That can't be true. And yet it felt true,
falling more and more thickly over everything I could see.
The pines turned brittle with ice.

This is the place I told you about,
where I used to come at night to see the red-winged
blackbirds,
what we call thrush *here—*
red flicker of the life that disappears—

But for me—I think the guilt I feel must mean
I haven't lived very well.

Someone like me doesn't escape. I think you sleep awhile,
then you descend into the terror of the next life
except

the soul is in some different form,
more or less conscious than it was before,
more or less covetous.

Tordo

    para Noah Max Horwitz e Susan Kimmelman, em memória

Neve começou a cair sobre toda a face da terra.
Não pode ser verdade. Mas parecia verdade,
neve cada vez mais grossa caindo sobre todas as coisas
                                      [que eu podia ver.
Os pinheiros ficaram quebradiços com o gelo.

Este é o lugar de que lhe falei,
onde eu costumava vir à noite para ver os melros de asa
                                        [vermelha,
esses que aqui chamamos *tordos-sargentos* —
faísca vermelha da vida que desaparece —

Mas para mim — acho que a culpa que eu sinto deve
                                        [significar
que não vivi muito bem.

Alguém como eu não escapa. Acho que você dorme um tempo,
depois baixa para o terror da próxima vida
só que

a alma vem em algum formato diferente
mais ou menos consciente do que era antes,
mais ou menos sôfrega.

After many lives, maybe something changes.
I think in the end what you want
you'll be able to see—

Then you don't need anymore
to die and come back again.

Muitas vidas depois, talvez algo se altere.
Acho que no fim você consegue ver
o que deseja —

E aí você já não precisa
morrer depois voltar.

Persephone the Wanderer

*In the second version, Persephone
is dead. She dies, her mother grieves—
problems of sexuality need not
trouble us here.*

*Compulsively, in grief, Demeter
circles the earth. We don't expect to know
what Persephone is doing.
She is dead, the dead are mysteries.*

*We have here
a mother and a cipher: this is
accurate to the experience
of the mother as*

*she looks into the infant's face. She thinks:
I remember when you didn't exist. The infant
is puzzled; later, the child's opinion is
she has always existed, just as*

*her mother has always existed
in her present form. Her mother
is like a figure at a bus stop,
an audience for the bus's arrival. Before that,
she was the bus, a temporary*

Perséfone, a andarilha

Na segunda versão, Perséfone
está morta. Ela morre, a mãe padece —
problemas de sexualidade não precisam
ocupar-nos aqui.

Compulsivamente, padecendo, Deméter
dá a volta na terra. Não supomos saber
o que Perséfone está fazendo.
Ela está morta, os mortos são mistérios.

Temos aqui
uma mãe e uma cifra: isso
corresponde à experiência
da mãe enquanto

ela contempla o rosto da criança. Pensa:
eu me lembro de quando você não existia. A criança
fica intrigada; depois, a opinião da criança é
de que sempre existiu, tal como

a mãe sempre existiu
em sua forma atual. A mãe
é como um personagem no ponto do ônibus,
um público para a chegada do ônibus. Antes disso,
ela era o ônibus, moradia ou instalação

*home or convenience. Persephone, protected,
stares out the window of the chariot.*

*What does she see? A morning
in early spring, in April. Now*

*her whole life is beginning—unfortunately,
it's going to be
a short life. She's going to know, really,
only two adults: death and her mother.
But two is
twice what her mother has:
her mother has*

*one child, a daughter.
As a god, she could
have had a thousand children.*

*We begin to see here
the deep violence of the earth*

*whose hostility suggests
she has no wish
to continue as a source of life.*

*And why is this hypothesis
never discussed? Because
it is not in the story; it only
creates the story.*

temporária. Protegida, Perséfone
olha pela janela da carruagem.

O que vê? Uma manhã
no início da primavera, em abril. Agora

sua vida inteira está começando — infelizmente,
será
uma vida curta. Na verdade ela só vai conhecer
dois adultos: a morte e a mãe.
Mas dois é
duas vezes o que tem a mãe:
a mãe tem

uma criança, uma filha.
Como deusa, poderia ter tido
mil filhos.

Estamos começando a ver, aqui,
a funda violência da terra

cuja hostilidade sugere
que não pretende
prosseguir como fonte de vida.

E por que essa hipótese
nunca é considerada? Porque
ela não está *na* história; ela só
cria a história.

In grief, after the daughter dies,
the mother wanders the earth.
She is preparing her case;
like a politician
she remembers everything and admits
nothing.
For example, her daughter's
birth was unbearable, her beauty
was unbearable: she remembers this.
She remembers Persephone's
innocence, her tenderness—

What is she planning, seeking her daughter?
She is issuing
a warning whose implicit message is:
what are you doing outside my body?

You ask yourself:
why is the mother's body safe?

The answer is
this is the wrong question, since

the daughter's body
doesn't exist, except
as a branch of the mother's body
that needs to be
reattached at any cost.

Tomada de dor, depois que a filha morre
a mãe percorre a terra.
Está preparando seu dossiê;
como um político,
lembra-se de tudo e não admite
nada.
Por exemplo, o nascimento
da filha foi intolerável, sua beleza
era intolerável: ela se lembra disso.
Se lembra da inocência
de Perséfone, de sua doçura —

O que planeja, ao procurar a filha?
Está emitindo
um alerta cuja mensagem implícita é:
o que você está fazendo fora do meu corpo?

Você se pergunta:
por que o corpo da mãe é seguro?

A resposta é
essa é a pergunta errada, pois

o corpo da filha
não existe, a não ser
como ramificação do corpo da mãe
que precisa ser
reconectada a qualquer custo.

*When a god grieves it means
destroying others (as in war)
while at the same time petitioning
to reverse agreements (as in war also):*

*if Zeus will get her back,
winter will end.*

*Winter will end, spring will return.
The small pestering breezes
that I so loved, the idiot yellow flowers—*

*Spring will return, a dream
based on a falsehood:
that the dead return.*

*Persephone
was used to death. Now over and over
her mother hauls her out again—*

*You must ask yourself:
are the flowers real? If*

*Persephone "returns" there will be
one of two reasons:*

*either she was not dead or
she is being used
to support a fiction—*

Quando um deus sofre, isso significa
destruir outros (como na guerra)
e ao mesmo tempo reivindicar
o cancelamento dos acordos (também como na guerra):

se Zeus a recuperar,
o inverno chegará ao fim.

O inverno chegará ao fim, a primavera voltará.
As miúdas brisas importunas
de que eu gostava tanto, as tolas flores amarelas —

A primavera voltará, um sonho
que tem por base uma mentira:
que os mortos voltam.

Perséfone
estava habituada à morte. Agora uma e outra vez
a mãe a arrasta outra vez para fora —

Trate de se perguntar:
as flores são de verdade? Se

Perséfone "volta", será
por uma destas duas razões:

ou bem não estava morta, ou bem
está sendo usada
em prol de uma ficção —

*I think I can remember
being dead. Many times, in winter,
I approached Zeus. Tell me, I would ask him,
how can I endure the earth?*

*And he would say,
in a short time you will be here again.
And in the time between*

*you will forget everything:
those fields of ice will be
the meadows of Elysium.*

Acho que consigo me lembrar
de estar morta. Muitas vezes, no inverno,
me aproximei de Zeus. Me explique, eu perguntava,
como faço para tolerar a terra?

E ele dizia,
em breve você estará aqui outra vez.
E enquanto isso

se esquecerá de tudo:
aqueles campos de gelo serão
as pradarias do Elísio.

UMA VIDA NO INTERIOR
A VILLAGE LIFE

Tradução Bruna Beber

Twilight

All day he works at his cousin's mill,
so when he gets home at night, he always sits at this one window,
sees one time of day, twilight.
There should be more time like this, to sit and dream.
It's as his cousin says:
Living—living takes you away from sitting.

In the window, not the world but a squared-off landscape
representing the world. The seasons change,
each visible only a few hours a day.
Green things followed by golden things followed by whiteness—
abstractions from which come intense pleasures,
like the figs on the table.

At dusk, the sun goes down in a haze of red fire between two
[poplars.
It goes down late in summer—sometimes it's hard to stay awake.

Then everything falls away.
The world for a little longer
is something to see, then only something to hear,
crickets, cicadas.
Or to smell sometimes, aroma of lemon trees, of orange trees.
Then sleep takes this away also.

Crepúsculo

Ele trabalha o dia inteiro no moinho de seu primo,
à noite, quando chega em casa, senta-se àquela janela
e contempla a parte do dia que resta, o crepúsculo.
Deveria haver mais horas assim, para sentar e sonhar.
É como diz seu primo:
Viver — viver é o contrário de sentar.

Na janela, jamais o mundo, e sim uma paisagem
                                         [esquadriada
do mundo. Mudam as estações,
visíveis apenas por algumas horas do dia.
O verde seguido de dourado seguido de palidez —
abstrações que trazem prazeres intensos,
como os figos sobre a mesa.

Quando cai a tarde, o sol se põe na névoa avermelhada
                                         [entre dois álamos.
No verão demora a se pôr — às vezes é difícil esperar
                                         [acordado.

Logo tudo desmorona.
O mundo ainda pode ser
assistido, em seguida apenas escutado,
grilos, cigarras.
Também farejado, o aroma dos limoeiros, laranjeiras.
Até isso o sono trata de subtrair.

*But it's easy to give things up like this, experimentally,
for a matter of hours.*

*I open my fingers—
I let everything go.*

*Visual world, language,
rustling of leaves in the night,
smell of high grass, of woodsmoke.*

I let it go, then I light the candle.

Mas é fácil desistir das coisas assim, empiricamente,
por algumas horas.

Abro as mãos —
deixo que tudo se esvaia.

A visualidade, a linguagem,
o farfalhar das folhas na noite,
o cheiro de grama densa, de lenha.

Que se esvaia, então acendo a vela.

Pastoral

*The sun rises over the mountain.
Sometimes there's mist
but the sun's behind it always
and the mist isn't equal to it.
The sun burns its way through,
like the mind defeating stupidity.
When the mist clears, you see the meadow.*

*No one really understands
the savagery of this place,
the way it kills people for no reason,
just to keep in practice.*

*So people flee—and for a while, away from here,
they're exuberant, surrounded by so many choices—*

*But no signal from earth
will ever reach the sun. Thrash
against that fact, you are lost.*

*When they come back, they're worse.
They think they failed in the city,
not that the city doesn't make good its promises.
They blame their upbringing: youth ended and they're back,
silent, like their fathers.*

Pastoril

O sol nasce sobre a montanha.
Às vezes encobre-se de névoa,
mas o sol sempre resiste
e a névoa não é páreo para ele.
O sol reage em brilho,
como a mente vence a estupidez.
Dissipada a névoa, vê-se a campina.

Ninguém de fato entende
a brutalidade deste lugar,
o modo disparatado de aniquilar vidas
por força do hábito.

Então as pessoas fogem — e em pouco tempo, longe daqui,
ganham viço, rodeadas de tantas possibilidades —

Um gesto vindo da terra jamais
alcançará o sol. Confronte
esse fato, você está perdido.

Quando retornam, tudo se agrava.
Acham que fracassaram na cidade,
e não que a cidade não cumpre suas promessas.
Culpam a criação: finda a juventude, cá estão eles,
taciturnos, como seus pais.

*Sundays, in summer, they lean against the wall of the clinic,
smoking cigarettes. When they remember,
they pick flowers for their girlfriends—*

*It makes the girls happy.
They think it's pretty here, but they miss the city, the afternoons
filled with shopping and talking, what you do
when you have no money...*

*To my mind, you're better off if you stay;
that way, dreams don't damage you.
At dusk, you sit by the window. Wherever you live,
you can see the fields, the river, realities
on which you cannot impose yourself—*

*To me, it's safe. The sun rises; the mist
dissipates to reveal
the immense mountain. You can see the peak,
how white it is, even in summer. And the sky's so blue,
punctuated with small pines
like spears—*

*When you got tired of walking
you lay down in the grass.
When you got up again, you could see for a moment where
                                               [you'd been,
the grass was slick there, flattened out
into the shape of a body. When you looked back later,
it was as though you'd never been there at all.*

Aos domingos, no verão, encostados no muro do posto de saúde,
fumam cigarros. Quando lembram,
colhem flores para as namoradas —

As moças ficam contentes.
Gostam da beleza daqui, mas sentem falta da cidade, das tardes
ocupadas por compras e conversas, o que se faz
quando não se tem dinheiro...

Na minha opinião, é melhor ficar por aqui;
assim os sonhos não são prejudiciais.
Anoitece, você se senta à janela. De qualquer casa
é possível ver os campos, o rio, realidades
às quais você não pode se impor —

Me sinto segura aqui. O sol nasce; a névoa
se dissipa para revelar
a imensa montanha. Enxerga-se o topo,
tão branco, mesmo no verão. E o céu tão azul,
pontilhado de pinheiros baixos
feito lanças —

Quando se cansa de caminhar,
deita na grama.
Ao se levantar, entrevê o lugar que deixou,
a grama escorregadia, achatada,
no formato do corpo. Mas ao olhar para trás, depois,
é como se você nunca tivesse estado ali.

*Midafternoon, midsummer. The fields go on forever,
peaceful, beautiful.
Like butterflies with their black markings,
the poppies open.*

Meio da tarde, solstício de verão. Os campos ao infinito,
formosos, tranquilos.
À semelhança das borboletas furta-cor,
as papoulas se abrem.

Tributaries

All the roads in the village unite at the fountain.
Avenue of Liberty, Avenue of the Acacia Trees—
The fountain rises at the center of the plaza;
on sunny days, rainbows in the piss of the cherub.

In summer, couples sit at the pool's edge.
There's room in the pool for many reflections—
the plaza's nearly empty, the acacia trees don't get this far.
And the Avenue of Liberty is barren and austere; its image
doesn't crowd the water.

Interspersed with the couples, mothers with their younger
children.
Here's where they come to talk to one another, maybe
meet a young man, see if there's anything left of their beauty.
When they look down, it's a sad moment: the water isn't
                                        [*encouraging.*

The husbands are off working, but by some miracle
all the amorous young men are always free—
they sit at the edge of the fountain, splashing their sweethearts
with fountain water.

Around the fountain, there are clusters of metal tables.
This is where you sit when you're old,

Afluentes

Todas as ruas do povoado convergem para o chafariz.
Avenida da Liberdade, Avenida das Acácias —
O chafariz arvora-se no centro da praça;
nos dias de sol, arco-íris no mijo do querubim.

No verão, casais se sentam na beirada do tanque.
No tanque há espaço para muitas reflexões —
a praça quase vazia, as acácias não perseveram.
E a Avenida da Liberdade é deserta e austera; sua imagem
não povoa o espelho d'água.

Em meio aos casais, mães e seus filhos mais novos.
É aqui que vêm para conversar, talvez
conhecer um rapaz, descobrir o que ainda resta de sua
                                                  [beleza.
Quando baixam o olhar, é desolador: a água não as
                                              [encoraja.

Os maridos estão no trabalho, mas por um milagre
todos os rapazes apaixonantes sempre têm tempo livre —
sentam-se na beirada do chafariz, respingam suas paqueras
com água da fonte.

Ao redor do chafariz, aglomeram-se mesas de metal.
Aqui sentam-se os que já envelheceram,

beyond the intensities of the fountain.
The fountain is for the young, who still want to look at themselves.
Or for the mothers, who need to keep their children diverted.

In good weather, a few old people linger at the tables.
Life is simple now: one day cognac, one day coffee and a cigarette.
To the couples, it's clear who's on the outskirts of life, who's at the
[center.

The children cry, they sometimes fight over toys.
But the water's there, to remind the mothers that they love these
[children;
that for them to drown would be terrible.

The mothers are tired constantly, the children are always fighting,
the husbands at work or angry. No young man comes.
The couples are like an image from some faraway time, an echo
[coming
very faint from the mountains.

They're alone at the fountain, in a dark well.
They've been exiled by the world of hope,
which is the world of action,
but the world of thought hasn't as yet opened to them.
When it does, everything will change.

alheios aos ardores do chafariz.
O chafariz é para a juventude, que ainda almeja ver-se a si
[mesma.
Ou para as mães, que precisam manter os filhos entretidos.

Quando o tempo está firme, idosos se espreguiçam nas mesas.
A vida torna-se simples: um dia conhaque, um dia café e
[cigarros.
Aos casais, é evidente quem vive às margens da vida, quem
[vive no centro.

As crianças choram, às vezes disputam brinquedos.
Mas a água está ali, para lembrar às mães que elas amam
[essas crianças;
e que um afogamento seria devastador.

As mães estão quase sempre cansadas, as crianças sempre
[brigando,
os maridos no trabalho ou irritados. Nenhum rapaz aparece.
Os casais são uma espécie de retrato de um tempo longínquo,
um eco frágil vindo das montanhas.

Estão sozinhos no chafariz, num poço escuro.
Foram exilados do mundo da esperança,
que é o mundo da ação,
mas o mundo das ideias ainda não lhes foi desvelado.
Quando isso acontecer, tudo vai se transformar.

Darkness is falling, the plaza empties.
The first leaves of autumn litter the fountain.
The roads don't gather here anymore;
the fountain sends them away, back into the hills they came from.

Avenue of Broken Faith, Avenue of Disappointment,
Avenue of the Acacia Trees, of Olive Trees,
the wind filling with silver leaves,

Avenue of Lost Time, Avenue of Liberty that ends in stone,
not at the field's edge but at the foot of the mountain.

Cai a escuridão, a praça esvazia.
As primeiras folhas do outono entulham a fonte.
As ruas não convergem mais para cá;
o chafariz as dispensa, que retornem para as montanhas que
[lhes deram origem.

Avenida da Fé Abalada, Avenida da Decepção,
Avenida das Acácias, das Oliveiras,
o vento arrastando as folhas prateadas,

Avenida do Tempo Perdido, a Avenida da Liberdade termina
[em pedra,
não na margem dos campos, mas no sopé da montanha.

Noon

They're not grown up—more like a boy and girl, really.
School's over. It's the best part of the summer, when it's still
                                        [beginning—
the sun's shining, but the heat isn't intense yet.
And freedom hasn't gotten boring.

So you can spend the whole day, all of it, wandering in the meadow.
The meadow goes on indefinitely, and the village keeps getting more
                                        [and more
    faint—

It seems a strange position, being very young.
They have this thing everyone wants and they don't *want—*
but they want to keep it anyway; it's all they can trade on.

When they're by themselves like this, these are the things they talk
                                        [about.
How time for them doesn't race.
It's like the reel breaking at the movie theater. They stay anyway—
mainly, they just don't want to leave. But till the reel is fixed,
the old one just gets popped back in,
and all of a sudden you're back to long ago in the movie—

Meio-dia

Ainda não são adultos — na verdade, um menino e uma menina.
Ano letivo encerrado. É a melhor parte do verão, seu
                              [começo —
o sol está radiante, mas o calor ainda não é intenso.
E a liberdade ainda não é um tédio.

Então é possível passar o dia todo, inteiro, perambulando na
                                              [campina.
A campina perde-se à vista, e o povoado vai ficando mais e mais
    desbotado —

Parece uma condição estranha, ser muito jovem.
Eles têm essa coisa desejada por todos, mas *não* por eles —
mesmo assim querem resguardá-la; é sua única moeda de troca.

Quando estão entre si, tratam desses assuntos.
Do tempo que parece não passar.
É como bobina trincada no cinema. Eles esperam —
sobretudo, não querem ir embora. Mas até a troca da bobina,
a antiga continua rodando de modo provisório,
e de repente o filme volta para o começo —

the hero hasn't even met the heroine. He's still at the factory,
he hasn't begun to go bad. And she's wandering around the docks,
[already bad.
But she never meant it to happen. She was good, then it happened
[to her,
like a bag pulled over her head.

The sky's completely blue, so the grass is dry.
They'll be able to sit with no trouble.
They sit, they talk about everything—then they eat their picnic.
They put the food on the blanket, so it stays clean.
They've always done it this way; they take the grass themselves.

The rest—how two people can lie down on the blanket—
they know about it but they're not ready for it.
They know people who've done it, as a kind of game or trial—
then you say, no, wrong time, I think I'll just keep being a child.

But your body doesn't listen. It knows everything now,
it says you're not a child, you haven't been a child for a long time.

o herói até então não conheceu a heroína. Ele ainda está na
[fábrica,
ainda não virou uma pessoa má. E ela, já uma vilã, vagueia
[pelas docas.
Mas ela nunca achou que isso pudesse acontecer. Ela era
[boa, então aconteceu,
como se tivessem enfiado um saco na sua cabeça.

O céu de um azul absoluto, por isso a grama está seca.
Eles vão poder se esparramar à vontade.
Sentam-se, conversam sobre tudo — então fazem piquenique.
Põem a comida sobre a manta, para preservá-la.
Sempre fazem do mesmo jeito; sabem se comportar na grama.

O que vem depois — ensejo para que duas pessoas se deitem
[na manta —
eles sabem do que se trata, mas ainda não estão preparados.
Conhecem quem já tenha feito algo assim, numa espécie de
[jogo ou desafio —
então dizem, não, não está na hora, prefiro continuar sendo
[criança.

Mas o corpo não escuta a mensagem. Agora ele está no
[comando,
diz que você não é mais criança, faz tempo que deixou de
[ser criança.

*Their thinking is, stay away from change. It's an avalanche—
all the rocks sliding down the mountain, and the child standing
[underneath
just gets killed.*

*They sit in the best place, under the poplars.
And they talk—it must be hours now, the sun's in a different place.
About school, about people they both know,
about being adult, about how you knew what your dreams were.*

*They used to play games, but that's stopped now—too much
[touching.
They only touch each other when they fold the blanket.*

*They know this in each other.
That's why it isn't talked about.
Before they do anything like that, they'll need to know more—
in fact, everything that can happen. Until then, they'll just watch
and stay children.*

*Today she's folding the blanket alone, to be safe.
And he looks away—he pretends to be too lost in thought to help out.*

*They know that at some point you stop being children, and at that
[point
you become strangers. It seems unbearably lonely.*

Então eles pensam: melhor evitar a mudança. É uma
                        [avalanche —
as pedras deslizando da montanha, e a criança lá embaixo à espera
da morte.

Sentam-se no melhor lugar, sob os álamos.
E conversam — já passou da hora, o sol mudou de lugar.
Falam sobre a escola, sobre pessoas conhecidas,
sobre ser adulto, sobre como sabiam quais eram seus sonhos.

Gostavam de brincar, não brincam mais — brincadeira
                                  [envolve toque.
E agora só se tocam na hora de dobrar a manta.

É ponto pacífico.
Calam sobre o assunto.
Antes que tomem qualquer atitude, precisarão saber mais —
querem saber tudo que pode acontecer. Até lá, só observam
e permanecem crianças.

Hoje ela está dobrando a manta sozinha, por segurança.
Ele desvia o olhar — para não ajudar, finge estar
imerso em pensamentos.

Sabem que a certa altura deixarão de ser crianças, e que a
                                  [essa altura
passarão a estranhos. Ao que parece, uma solidão insuportável.

*When they get home to the village, it's nearly twilight.
It's been a perfect day; they talk about this,
about when they'll have a chance to have a picnic again.*

*They walk through the summer dusk,
not holding hands but still telling each other everything.*

Quando retornam ao vilarejo, é quase crepúsculo.
Um dia estupendo; eles se perguntam
quando será que vão fazer um piquenique de novo.

Caminham sob o entardecer do verão,
não estão de mãos dadas, mas trocam confidências.

Before the Storm

Rain tomorrow, but tonight the sky is clear, the stars shine.
Still, the rain's coming,
maybe enough to drown the seeds.
There's a wind from the sea pushing the clouds;
before you see them, you feel the wind.
Better look at the fields now,
see how they look before they're flooded.

A full moon. Yesterday, a sheep escaped into the woods,
and not just any sheep—the ram, the whole future.
If we see him again, we'll see his bones.

The grass shudders a little; maybe the wind passed through it.
And the new leaves of the olives shudder in the same way.
Mice in the fields. Where the fox hunts,
tomorrow there'll be blood in the grass.
But the storm—the storm will wash it away.

In one window, there's a boy sitting.
He's been sent to bed—too early,
in his opinion. So he sits at the window—

Everything is settled now.
Where you are now is where you'll sleep, where you'll wake up
                                               [in the morning.

Antes da tempestade

Chove amanhã; hoje, noite clara, as estrelas luzem.
Mas a chuva se aproxima,
talvez volumosa a ponto de encharcar as sementes.
Um vento marinho empurra as nuvens;
antes de avistá-las, sente-se o vento.
O melhor a fazer é contemplar os campos,
Observá-los antes que virem poça.

Lua cheia. Ontem, uma ovelha fugiu para a floresta,
e não era uma ovelha qualquer — o carneiro, o futuro.
Se tornarmos a vê-lo, veremos seus ossos.

A grama estremece; talvez o vento a tenha percorrido.
As folhas novas das oliveiras também estremecem.
Ratos nos campos. No pasto onde a raposa caça
amanhã haverá sangue.
Mas a tempestade — a tempestade lavará tudo.

Um garoto está sentado junto a uma janela.
Mandaram que fosse dormir — cedo demais,
na sua opinião. Então permanece sentado à janela —

Tudo está em seu lugar.
Onde cada um se encontra agora é onde dormirá, e onde
                    [acordará amanhã de manhã.

The mountain stands like a beacon, to remind the night that the
                                         [earth exists,
that it mustn't be forgotten.

Above the sea, the clouds form as the wind rises,
dispersing them, giving them a sense of purpose.

Tomorrow the dawn won't come.
The sky won't go back to being the sky of day; it will go on as night,
except the stars will fade and vanish as the storm arrives,
lasting perhaps ten hours altogether.
But the world as it was cannot return.

One by one, the lights of the village houses dim
and the mountain shines in the darkness with reflected light.

No sound. Only cats scuffling in the doorways.
They smell the wind: time to make more cats.
Later, they prowl the streets, but the smell of the wind stalks them.
It's the same in the fields, confused by the smell of blood,
though for now only the wind rises; stars turn the field silver.

This far from the sea and still we know these signs.
The night is an open book.
But the world beyond the night remains a mystery.

A montanha se posta como um farol, para lembrar à noite
                              [que a terra existe,
que não deve ser esquecida.

Sobre o mar, a marcha do vento dá forma às nuvens,
e, ao dispersá-las, oferece-lhes um senso de propósito.

Amanhã a aurora não vai despontar.
O céu não tornará a ser o céu do dia; é a noite que vai
                                        [perdurar,
só que as estrelas vão esmaecer, desaparecer com a
                                   [tempestade,
e sua existência talvez dure cerca de dez horas.
Mas o mundo como era não mais existirá.

Uma a uma, as lâmpadas das casas do vilarejo se apagam
e a montanha, com a difusão da luz, fulgura na escuridão.

Nenhum som. Só briga de gato nos umbrais.
Eles farejam o vento: é a hora de gerar mais gatos.
Depois rondam as ruas, mas o cheiro do vento os persegue.
É o cheiro que percorre os campos, misturado ao cheiro de
                                            [sangue,
mas agora é o vento que triunfa; as estrelas prateiam os
                                              [campos.

Tão longe do mar e ainda reconhecemos esses sinais.
A noite é um livro aberto.
Mas o mundo além-noite permanece um mistério.

Sunset

At the same time as the sun's setting,
a farm worker's burning dead leaves.

It's nothing, this fire.
It's a small thing, controlled,
like a family run by a dictator.

Still, when it blazes up, the farm worker disappears;
from the road, he's invisible.

Compared to the sun, all the fires here
are short-lived, amateurish—
they end when the leaves are gone.
Then the farm worker reappears, raking the ashes.

But the death is real.
As though the sun's done what it came to do,
made the field grow, then
inspired the burning of earth.

So it can set now.

Poente

À mesma hora em que o sol se põe,
um camponês ateia fogo às folhas secas.

É de nada, esse fogo.
É brando, controlado,
como uma família comandada por um ditador.

Quando incendeia, o camponês desaparece;
da estrada, ele fica invisível.

Comparados ao sol, todos os fogos locais
são breves, amadores —
sua existência está atrelada à das folhas.
Aí o camponês ressurge, rastela as cinzas.

Mas a morte é real.
Como se o sol cumprisse sua tarefa,
cultivou os campos, então
despertou a candência da terra.

Então se põe.

In the Café

It's natural to be tired of earth.
When you've been dead this long, you'll probably be tired of
[heaven.
You do what you can do in a place
but after a while you exhaust that place,
so you long for rescue.

My friend falls in love a little too easily.
Every year or so a new girl—
If they have children he doesn't mind;
he can fall in love with children also.

So the rest of us get sour and he stays the same,
full of adventure, always making new discoveries.
But he hates moving, so the women have to come from here, or near
[here.

Every month or so, we meet for coffee.
In summer, we'll walk around the meadow, sometimes as far as the
[mountain.
Even when he suffers, he's thriving, happy in his body.
It's partly the women, of course, but not that only.

No café

É natural cansar-se da terra.
Estando morto há tanto tempo, é provável que se canse
                              [também do céu.
Você faz o que é possível num lugar,
mas, depois de exaurir esse lugar,
tudo o que se deseja é a libertação.

Meu amigo se apaixona com facilidade.
A cada ano, em média, uma moça —
Se ela tiver filhos, pouco importa;
ele se apaixona pelos filhos também.

Resta a nós a amargura, a essência dele não se altera,
cheio de aventuras, sempre se permitindo novas descobertas.
Mas odeia se mudar, as mulheres é que vêm daqui ou dali.

Vez ou outra, marcamos um café.
No verão, percorremos a campina a pé, às vezes vamos ao
                              [encontro da montanha.
Até quando sofre, ele é bem-sucedido, sabe habitar seu
                              [próprio corpo.
Em parte, é claro, por causa das mulheres, mas não só por elas.

He moves into their houses, learns to like the movies they like.

*It's not an act—he really does learn,
the way someone goes to cooking school and learns to cook.*

*He sees everything with their eyes.
He becomes not what they are but what they could be
if they weren't trapped in their characters.
For him, this new self of his is liberating because it's invented—*

*he absorbs the fundamental needs in which their souls are rooted,
he experiences as his own the rituals and preferences these give rise
 [to—
but as he lives with each woman, he inhabits each version of
 [himself
fully, because it isn't compromised by the normal shame and
 [anxiety.*

*When he leaves, the women are devastated.
Finally they met a man who answered all their needs—
there was nothing they couldn't tell him.
When they meet him now, he's a cipher—
the person they knew doesn't exist anymore.
He came into existence when they met,
he vanished when it ended, when he walked away.*

*After a few years, they get over him.
They tell their new boyfriends how amazing it was,
like living with another woman, but without the spite, the envy,
and with a man's strength, a man's clarity of mind.*

Ele se muda para suas casas, aprende a gostar dos filmes de
[que gostam.
Não é fingimento — ele de fato aprende,
como quem vai à escola de culinária e aprende a cozinhar.

Passa a enxergar o mundo pelos olhos delas.
Torna-se não o que são, mas o que poderiam ser
caso não estivessem presas a suas individualidades.
Para ele, esse novo *eu* é libertador, porque é inventado —

ele absorve as necessidades constitutivas das suas almas,
experimenta os ritos e as prioridades a que dão origem —
e, à medida que vive com cada mulher, habita uma versão
[mais plena
de si mesmo, mas sem o compromisso da vergonha e da
[ansiedade habituais.

Quando vai embora, as mulheres ficam arrasadas.
Enfim um homem que atendia a todas as suas necessidades —
com quem podiam falar sobre qualquer assunto.
Quando o reencontram, ele se tornou uma cifra —
a pessoa que conheciam não existe mais.
Ganhara existência quando se conheceram,
desfez-se com o fim, quando ele foi embora.

Em poucos anos, já foi superado.
Contam aos novos namorados a maravilha que viveram,
era como viver com uma mulher, mas sem ressentimento,
[sem inveja,
com a força de um homem, a clareza mental de um homem.

And the men tolerate this, they even smile.
They stroke the women's hair—
they know this man doesn't exist; it's hard for them to feel
*   [competitive.*

You couldn't ask, though, for a better friend,
a more subtle observer. When we talk, he's candid and open,
he's kept the intensity we all had when we were young.
He talks openly of fear, of the qualities he detests in himself.
And he's generous—he knows how I am just by looking.
If I'm frustrated or angry, he'll listen for hours,
not because he's forcing himself, because he's interested.

I guess that's how he is with the women.
But the friends he never leaves—
with them, he's trying to stand outside his life, to see it clearly—

Today he wants to sit; there's a lot to say,
too much for the meadow. He wants to be face to face,
talking to someone he's known forever.

He's on the verge of a new life.
His eyes glow, he isn't interested in the coffee.
Even though it's sunset, for him
the sun is rising again, and the fields are flushed with dawn light,
rose-colored and tentative.

E os namorados consentem, até sorriem.
Afagam os cabelos delas —
sabem que esse homem não existe; nem mesmo são
[tentados pela competição.

No entanto, quem desejaria um amigo melhor que esse?
Um observador mais sutil? Nas conversas, é franco e aberto,
manteve a intensidade de quando éramos jovens.
Expõe seus medos, as qualidades que detesta em si mesmo.
E é generoso — de relance, já captou como me sinto.
Se estou frustrada ou irritada, ele me ouvirá por horas a fio,
não porque precisa se forçar, mas porque está interessado.

Acho que é assim que age com as mulheres.
Mas ele nunca abandona as amizades — conosco,
tenta se ausentar da própria vida, avistá-la com mais
[clareza —

Hoje ele não quer caminhar; há muito a dizer,
na campina soaria excessivo. Prefere o cara a cara,
conversar com quem o conhece desde sempre.

Está às vésperas de uma vida nova.
Olhos radiantes, desinteressado do café.
Até o poente é inútil, para ele
o sol está nascendo de novo, os campos são inundados pela
[aurora,
a luz rosada e hesitante.

He's himself in these moments, not pieces of the women he's slept with. He enters their lives as you enter a dream, without volition, and he lives there as you live in a dream, however long it lasts. And in the morning, you remember nothing of the dream at all, nothing at all.

É nessa hora que se apossa de si, desvencilhando-se dos
                              [pedaços das mulheres
com quem dormiu. Ele entra em suas vidas como se entra
                                        [num sonho,
sem escolha, e ali habita como se habita um sonho,
dure o tempo que durar. E, de manhã, não lembra de
nada do que sonhou, não lembra de absolutamente nada.

In the Plaza

For two weeks he's been watching the same girl,
someone he sees in the plaza. In her twenties maybe,
drinking coffee in the afternoon, the little dark head
bent over a magazine.
He watches from across the square, pretending
to be buying something, cigarettes, maybe a bouquet of flowers.

Because she doesn't know it exists,
her power is very great now, fused to the needs of his imagination.
He is her prisoner. She says the words he gives her
in a voice he imagines, low-pitched and soft,
a voice from the south as the dark hair must be from the south.

Soon she will recognize him, then begin to expect him.
And perhaps then every day her hair will be freshly washed,
she will gaze outward across the plaza before looking down.
And after that they will become lovers.

But he hopes this will not happen immediately
since whatever power she exerts now over his body, over his
                                                  [emotions,
she will have no power once she commits herself—

Na praça

Há duas semanas ele espreita a mesma garota,
uma que sempre avista na praça. Vinte anos talvez,
tomando café à tarde, a cabeça um ponto preto
curvada sobre uma revista.
Ele espia do outro lado da praça, fingindo
comprar alguma coisa, cigarros, um buquê de flores talvez.

Por estar alheia a esse fato, o poder da garota
torna-se grandioso, moldado aos caprichos da imaginação dele.
É dela prisioneiro. Ela diz as palavras atribuídas por ele
num tom de voz imaginado, grave e macio,
uma voz do sul, o cabelo escuro possivelmente do sul.

Logo ela o reconhecerá, começará a esperar por ele.
E talvez depois disso sempre aparecerá de cabelos lavados,
seu olhar dará voltas pela praça antes de olhar para o chão.
E enfim se tornarão amantes.

Mas ele espera que isso não aconteça de imediato,
pois o poder que ela exerce sobre o corpo dele, sobre suas
                                [emoções,
será destituído assim que ela assumir um compromisso —

*she will withdraw into that private world of feeling
women enter when they love. And living there, she will become
like a person who casts no shadow, who is not present in the world;
in that sense, so little use to him
it hardly matters whether she lives or dies.*

ela vai se retirar naquele mundo particular de sentimentos
que as mulheres conhecem quando amam. E uma vez lá,
se tornará uma pessoa sem sombra, sem presença no mundo;
nesse sentido, sem nenhuma serventia para ele,
pouco importa se está viva ou morta.

Dawn

1.
Child waking up in a dark room
screaming I want my duck back, I want my duck back

in a language nobody understands in the least—

There is no duck.

But the dog, all upholstered in white plush—
the dog is right there in the crib next to him.

Years and years—that's how much time passes.
All in a dream. But the duck—
no one knows what happened to that.

2.
They've just met, now
they're sleeping near an open window.

Partly to wake them, to assure them
that what they remember of the night is correct,
now light needs to enter the room,

also to show them the context in which this occurred:
socks half hidden under a dirty mat,
quilt decorated with green leaves—

Amanhecer

1.
Criança acorda num quarto escuro
gritando: quero meu pato de volta, quero meu pato de volta

numa língua que ninguém sequer compreende —

Não existe pato algum.

Mas o cachorro, estofado em pelúcia branca —
o cachorro está ali no berço, ao lado da criança.

Anos e anos — é assim que o tempo passa.
E não passa de um sonho. Mas o pato —
ninguém sabe que fim levou.

2.
Acabaram de se conhecer,
dormem perto de uma janela aberta.

Em parte para despertá-los, garantir-lhes
que a memória que têm da noite é exata;
agora a luz quer entrar no quarto,

também para expor o contexto:
meias disfarçadas sob um tapete sujo,
colcha enfeitada de folhas verdes —

*the sunlight specifying
these but not other objects,
setting boundaries, sure of itself, not arbitrary,*

*then lingering, describing
each thing in detail,
fastidious, like a composition in English,
even a little blood on the sheets—*

*3.
Afterward, they separate for the day.
Even later, at a desk, in the market,
the manager not satisfied with the figures he's given,
the berries moldy under the topmost layer—*

*so that one withdraws from the world
even as one continues to take action in it—*

*You get home, that's when you notice the mold.
Too late, in other words.*

As though the sun blinded you for a moment.

a luz do sol especifica essas existências,
mas não a de outros objetos,
pontua limites, é firme sem ser autoritária,

então se espraia, descrevendo
cada coisa em detalhes,
meticulosa, feito uma redação escrita em inglês,
há inclusive marcas de sangue nos lençóis —

3.
Em seguida, separam-se durante o dia.
Mais tarde, no balcão do mercado,
o gerente não se satisfaz com o carregamento,
as frutas da camada de baixo estão mofadas —

é assim que algo se retira do mundo
embora continue a atuar sobre ele —

Ao chegar em casa é que percebe o mofo.
Em outras palavras, tarde demais.

Como se o sol, por um instante, cegasse.

First Snow

*Like a child, the earth's going to sleep,
or so the story goes.*

*But I'm not tired, it says.
And the mother says, You may not be tired but I'm*
                                                     [tired—

*You can see it in her face, everyone can.
So the snow has to fall, sleep has to come.
Because the mother's sick to death of her life
and needs silence.*

Primeira neve

Feito criança, a terra recolhe-se para dormir,
ou pelo menos é o que dizem por aí.

Mas eu não estou cansada, diz ela.
A mãe retruca: você pode não estar, mas eu estou
[cansada —

Dá para ver no seu rosto, todo mundo vê.
Logo a neve se precipita, o sono vem.
A mãe chegou ao limite, está farta da vida
e precisa de silêncio.

Earthworm

*Mortal standing on top of the earth, refusing
to enter the earth: you tell yourself
you are able to see deeply
the conflicts of which you are made but, facing death,
you will not dig deeply—if you sense
that pity engulfs you, you are not
delusional: not all pity
descends from higher to lesser, some
arises out of the earth itself, persistent
yet devoid of coercion. We can be split in two, but you are
mutilated at the core, your mind
detached from your feelings—
repression does not deceive
organisms like ourselves:
once you enter the earth, you will not fear the earth;
once you inhabit your terror,
death will come to seem a web of channels or tunnels like
a sponge's or honeycomb's, which, as part of us,
you will be free to explore. Perhaps
you will find in these travels
a wholeness that eluded you—as men and women
you were never free
to register in your body whatever left
a mark on your spirit.*

Minhoca

Vivente de pé sobre a terra, recusa-se
a entrar na terra: você diz a si mesma
que é capaz de perceber a fundo
os conflitos de que é feita, mas, diante da morte,
não escavará a fundo — caso sinta
o trago daquele pesar, saiba que não está
delirando: nem todo pesar
desce dos céus à terra, alguns
brotam da terra, obstinados,
ainda que destituídos de coerção. Podem nos partir ao meio,
mas é você quem tem o âmago mutilado, a mente
descolada dos seus sentimentos —
a repressão não ilude
organismos como nós:
uma vez dentro da terra, você não temerá a terra;
uma vez que habite seu próprio temor,
a morte se tornará uma teia de canais ou túneis feito
esponja ou favo de mel, que, sendo parte de nós,
você terá liberdade para desbravar. Talvez
descubra, nessas viagens, a totalidade
de suas ilusões — homem ou mulher,
você nunca foi livre
para apreender no seu corpo tudo aquilo
que deixou marcas no seu espírito.

At the River

One night that summer my mother decided it was time to tell me
                                                                                     [about
what she referred to as pleasure, *though you could see she felt*
some sort of unease about this ceremony, which she tried to cover up
by first taking my hand, as though somebody in the family had just
                                                                                       [died—
she went on holding my hand as she made her speech,
which was more like a speech about mechanical engineering
than a conversation about pleasure. In her other hand,
she had a book from which, apparently, she'd taken the main facts.
She did the same thing with the others, my two brothers and sister,
and the book was always the same book, dark blue,
though we each got our own copy.

There was a line drawing on the cover
showing a man and woman holding hands
but standing fairly far apart, like people on two sides of a dirt road.

No rio

Numa noite de verão, minha mãe decidiu que era uma boa
                        [hora para me contar
o que ela entendia por *prazer*, embora desse para notar que sentia
um desconforto com essa cerimônia, que tentou ocultar
segurando minha mão, como se algum parente tivesse
                        [acabado de morrer —
e prosseguiu segurando minha mão enquanto fazia seu discurso,
que mais parecia um discurso sobre engenharia mecânica
do que uma conversa sobre o prazer. Com a outra mão,
segurava um livro no qual, supostamente, aprendeu os
                        [principais fundamentos.
Ela fez a mesma coisa com os outros três, meus dois irmãos e irmã,
e o livro era aquele mesmo de sempre, um livro azul-escuro,
ainda que cada um de nós tivesse seu próprio exemplar.

Havia um desenho na capa
de um homem e uma mulher de mãos dadas
mas bem afastados, como que separados por uma estrada de terra.

Obviously, she and my father did not have a language for what they
[did
which, from what I could judge, wasn't pleasure.
At the same time, whatever holds human beings together
could hardly resemble those cool black-and-white diagrams, which
[suggested,
among other things, that you could only achieve pleasure
with a person of the opposite sex,
so you didn't get two sockets, say, and no plug.

School wasn't in session.
I went back to my room and shut the door
and my mother went into the kitchen
where my father was pouring glasses of wine for himself and his
[invisible guest
who—surprise—doesn't appear.
No, it's just my father and his friend the Holy Ghost
partying the night away until the bottle runs out,
after which my father continues sitting at the table
with an open book in front of him.

Tactfully, so as not to embarrass the Spirit,
my father handled all the glasses,
first his own, then the other, back and forth like every other night.

By then, I was out of the house.
It was summer; my friends used to meet at the river.
The whole thing seemed a grave embarrassment

É evidente que ela e meu pai não tinham vocabulário para o
[que faziam
e que, pelo que presumi, não se tratava de prazer.
Ao mesmo tempo, seja lá o que mantém o laço entre seres
[humanos,
não se parecia em nada com a frieza daqueles diagramas em
[preto e branco, que sugeriam,
entre outras coisas, que só era possível ter prazer
com uma pessoa do sexo oposto,
nunca duas tomadas sem, digamos, um plugue.

A escola estava em recesso.
Voltei para o meu quarto e fechei a porta.
Minha mãe foi para a cozinha
onde meu pai servia dois copos de vinho, para si mesmo e
[para um convidado invisível
que — surpresa — não apareceu.
É só meu pai e seu amigo Espírito Santo
celebrando noite adentro até a garrafa acabar;
em seguida meu pai continua sentado à mesa
diante de um livro aberto.

Gentilmente, para não envergonhar o Espírito,
meu pai servia todos os copos,
primeiro para si, depois para o convidado, pra lá e pra cá,
[todas as noites.

A essa altura, eu já tinha saído de casa.
Era verão; meus amigos se encontravam no rio.
Aquilo tudo parecia um grande constrangimento

although the truth was that, except for the boys, maybe we didn't
                                   [understand mechanics.
The boys had the key right in front of them, in their hands if they
                                                [wanted,
and many of them said they'd already used it,
though once one boy said this, the others said it too,
and of course people had older brothers and sisters.

We sat at the edge of the river discussing parents in general
and sex in particular. And a lot of information got shared,
and of course the subject was unfailingly interesting.
I showed people my book, **Ideal Marriage**—*we all had a good*
                                         [laugh over it.
One night a boy brought a bottle of wine and we passed it around
                                                [for a while.

More and more that summer we understood
that something was going to happen to us
that would change us.
And the group, all of us who used to meet this way,
the group would shatter, like a shell that falls away
so the bird can emerge.
Only of course it would be two birds emerging, pairs of birds.

We sat in the reeds at the edge of the river
throwing small stones. When the stones hit,
you could see the stars multiply for a second, little explosions of light

mas a verdade era que, à exceção dos meninos, talvez nós
                [não entendêssemos de mecânica.
Os meninos tinham a chave diante dos olhos, à mão, se
                        [quisessem,
e muitos diziam já tê-la usado.
Assim que um deles afirmou o fato, os outros confirmaram,
mas é claro que tinham irmãs e irmãos mais velhos.

Sentados à beira do rio, discutimos o tema "pais" de modo geral
e, mais especificamente, o sexo. Trocamos muitas
                        [informações,
e é claro que o assunto era inesgotavelmente interessante.
Mostrei o livro ao grupo, *O matrimônio perfeito* — e caímos na
                        [gargalhada.
Uma noite um menino trouxe uma garrafa de vinho e todos
                        [nós bebemos.

Naquele verão, cada vez mais entendíamos
que algo estava prestes a acontecer conosco,
e que seria transformador.
E o grupo, todos nós que fazíamos parte dele,
esse grupo seria desfeito, como uma casca que se abre
e liberta o passarinho.
É claro que apareceriam dois pássaros, pares de pássaros.

Sentados no bambuzal na beira do rio,
arremessávamos pedrinhas. Quando as pedras batiam na água,
dava para ver as estrelas se multiplicando, como explosões de luz

*flashing and going out. There was a boy I was beginning to like,
not to speak to but to watch.
I liked to sit behind him to study the back of his neck.*

*And after a while we'd all get up together and walk back through
                                                          [the dark
to the village. Above the field, the sky was clear,
stars everywhere, like in the river, though these were the real stars,
even the dead ones were real.*

*But the ones in the river—
they were like having some idea that explodes suddenly into a
                                                    [Thousand ideas,
not real, maybe, but somehow more lifelike.*

*When I got home, my mother was asleep, my father was still at the
                                                           [table,
reading his book. And I said, Did your friend go away?
And he looked at me intently for a while,
then he said, Your mother and I used to drink a glass of wine
                                                              [together
after dinner.*

cintilando e se extinguindo. Eu estava começando a gostar
                                            [de um menino,
não para conversar, mas para admirar.
Eu gostava de sentar atrás dele para examinar sua nuca.

Depois de um tempo nos levantávamos e, no escuro,
                                            [voltávamos
para a cidadezinha. Sobre os campos, o céu era claro,
estrelas por toda parte — como no rio, embora essas estrelas
                                            [fossem de verdade,
até mesmo as mortas eram de verdade.

Mas as estrelas do rio —
eram como ter uma única ideia que de repente explodisse
                                            [em outras mil ideias,
não de verdade, talvez, mas de algum modo mais realísticas.

Quando cheguei em casa, minha mãe já estava dormindo,
                                    [meu pai ainda estava na mesa,
lendo seu livro. Eu disse a ele: seu amigo foi embora?
Ele olhou bem nos meus olhos,
e disse: sua mãe e eu sempre tomávamos um copo de vinho
juntos, toda noite, depois do jantar.

A Corridor

There's an open door through which you can see the kitchen—
always some wonderful smell coming from there,
but what paralyzes him is the warmth of that place,
the stove in the center giving out heat—

Some lives are like that.
Heat's at the center, so constant no one gives it a thought.
But the key he's holding unlocks a different door,
and on the other side, warmth isn't waiting for him.
He makes it himself—him and the wine.

The first glass is himself coming home.
He can smell the daube, a smell of red wine and orange peel mixed
                                                                    [in with the veal.
His wife is singing in the bedroom, putting the children to sleep.
He drinks slowly, letting his wife open the door, her finger to her
                                                                               [lips,
and then letting her eagerly rush toward him to embrace him.
And afterward there will be the daube.

But the glasses that follow cause her to disappear.
She takes the children with her; the apartment shrinks back to what
                                                                                [it was.

Um corredor

Pelo portal se vê a cozinha —
um cheiro maravilhoso de comida sempre emana dali,
mas o que paralisa é a quentura daquele lugar,
o fogão no centro distribuindo calor —

Certas vidas são assim.
O calor é sua essência, tão constante que ninguém
[questiona.
Mas a chave que ele tem nas mãos abre uma outra porta,
e, do lado de lá, o calor não está à sua espera.
É ele quem produz o calor — ele e o vinho.

No primeiro copo, ele ainda está chegando em casa.
Sente o aroma do daube, um cheiro de vinho tinto e casca
[de laranja ensopando a vitela.
Sua mulher está no quarto, cantando, põe as crianças para
[dormir.
Ele bebe devagar, espera a mulher abrir a porta, o dedo
[sobre os lábios,
aguardando que ela venha às pressas abraçá-lo.
E depois disso o daube será servido.

Mas os copos subsequentes provocam o sumiço dela.
Ela leva as crianças também; o apartamento volta à forma
[original.

He has found someone else—not another person exactly,
but a self who despises intimacy, as though the privacy of marriage
is a door that two people shut together
and no one can get out alone, not the wife, not the husband,
so the heat gets trapped there until they suffocate,
as though they were living in a phone booth—

Then the wine is gone. He washes his face, wanders around the
                                                        [apartment.
It's summer—life rots in the heat.
Some nights, he still hears a woman singing to her children;
other nights, behind the bedroom door, her naked body doesn't exist.

le encontra outro alguém — não exatamente outra pessoa,
m *eu* que despreza a intimidade, como se a privacidade no
[casamento
sse uma porta que duas pessoas fecham ao mesmo tempo
que não pode ser aberta por uma pessoa só, nem pela
[esposa, nem pelo marido,
tão o calor fica contido ali até que sufoquem,
mo se morassem numa cabine telefônica —

caba o vinho. Ele lava o rosto, perambula pelo apartamento.
verão — o calor apodrece a vida.
ertas noites, ele ainda ouve uma mulher cantando para os filhos;
outras, encerrada no quarto, seu corpo nu não existe.

Fatigue

All winter he sleeps.
Then he gets up, he shaves—
it takes a long time to become a man again,
his face in the mirror bristles with dark hair.

The earth now is like a woman, waiting for him.
A great hopefulness—that's what binds them together,
himself and this woman.

Now he has to work all day to prove he deserves what he has.
Midday: he's tired, he's thirsty.
But if he quits now he'll have nothing.

The sweat covering his back and arms
is like his life pouring out of him
with nothing replacing it.

He works like an animal, then
like a machine, with no feeling.
But the bond will never break
though the earth fights back now, wild in the summer heat—

He squats down, letting the dirt run through his fingers.

Cansaço

Dorme o inverno inteiro.
Então acorda, faz a barba —
demora até que se torne homem de novo,
no espelho, o rosto espetado de fios pretos.

Agora a terra é uma mulher, esperando por ele.
Uma esperança profunda — é isso que sela a união
dele com essa mulher.

Ele precisa trabalhar o dia inteiro para provar que merece
                                [tudo que tem.
Meio-dia: está cansado, está com sede.
Mas se desistir agora não terá coisa alguma.

O suor que empapa suas costas e braços
é como se sua vida evaporasse de si
sem deixar nada no lugar.

Trabalha feito bicho, depois
feito máquina, sem emoção.
Mas o elo jamais será desfeito,
embora a terra reaja, barbarizada pelo calor do verão —

Ele se agacha, a terra escorre por entre os dedos.

The sun goes down, the dark comes.
Now that summer's over, the earth is hard, cold;
by the road, a few isolated fires burn.

Nothing remains of love,
only estrangement and hatred.

O sol se põe, vem a escuridão.
Agora que o verão acabou, a terra enrijece, esfria;
na estrada, pequenas fogueiras resistem.

Do amor não sobra nada,
só distância e ódio.

Burning Leaves

Not far from the house and barn,
the farm worker's burning dead leaves.

They don't disappear voluntarily;
you have to prod them along
as the farm worker prods the leaf pile every year
until it releases a smell of smoke into the air.

And then, for an hour or so, it's really animated,
blazing away like something alive.

When the smoke clears, the house is safe.
A woman's standing in the back,
folding dry clothes into a willow basket.

So it's finished for another year,
death making room for life,
as much as possible,
but burning the house would be too much room.

Sunset. Across the road,
the farm worker's sweeping the cold ashes.
Sometimes a few escape, harmlessly drifting around in the wind.

Folhas na fogueira

Próximo à casa e ao celeiro,
o camponês ateia fogo às folhas secas.

As folhas resistem à extinção;
é preciso submetê-las ao estímulo
à maneira do camponês, espicaçá-las
ano a ano, até que a fumaça tome o ar.

Então, por cerca de uma hora, entusiasma-se,
a fogueira crepita feito coisa viva.

Dissipada a fumaça, a casa está segura.
De pé, logo atrás, uma mulher
guarda as roupas secas num cesto de vime.

Tarefa de mais um ano concluída,
a morte abre espaço para a vida,
na medida do possível,
mas incendiar a casa seria abrir espaço demais.

Pôr do sol. Do outro lado da estrada,
o camponês rastela as cinzas.
Parte escapa, à deriva inofensiva do vento.

Then the air is still.
Where the fire was, there's only bare dirt in a circle of rocks.
Nothing between the earth and the dark.

O ar fica parado.
No lugar do fogo, só poeira rodeada de pedras.
Nada entre a terra e a escuridão.

Walking at Night

Now that she is old,
the young men don't approach her
so the nights are free,
the streets at dusk that were so dangerous
have become as safe as the meadow.

By midnight, the town's quiet.
Moonlight reflects off the stone walls;
on the pavement, you can hear the nervous sounds
of the men rushing home to their wives and mothers; this late,
the doors are locked, the windows darkened.

When they pass, they don't notice her.
She's like a dry blade of grass in a field of grasses.
So her eyes that used never to leave the ground
are free now to go where they like.

When she's tired of the streets, in good weather she walks
in the fields where the town ends.
Sometimes, in summer, she goes as far as the river.

The young people used to gather not far from here
but now the river's grown shallow from lack of rain, so
the bank's deserted—

Caminhada noturna

Agora que está velha,
os homens jovens não se aproximam
e assim suas noites são livres,
as ruas, ao anoitecer, que eram tão perigosas,
tornaram-se tão seguras quanto a campina.

À meia-noite, a cidade está quieta.
A luz da lua refletida nas paredes de pedra;
na calçada, ouve-se a algazarra impaciente
de homens correndo para suas esposas e mães; é tarde
e as portas estão trancadas, as lâmpadas apagadas.

Quando passam, não notam a presença dela.
É como uma pá de folhas secas num gramado.
Então seus olhos, que sempre estiveram tão presos ao chão,
estão livres para transitar onde bem quiserem.

Quando ela se cansa das ruas, no tempo bom,
caminha pelos campos que limitam a cidade.
Às vezes, no verão, faz um passeio até o rio.

A juventude costumava se encontrar por aqui
mas agora o rio está raso pela escassez da chuva,
e sua margem fica abandonada —

There were picnics then.
The boys and girls eventually paired off;
after a while, they made their way into the woods
where it's always twilight—

The woods would be empty now—
the naked bodies have found other places to hide.

In the river, there's just enough water for the night sky
to make patterns against the gray stones. The moon's bright,
one stone among many others. And the wind rises;
it blows the small trees that grow at the river's edge.

When you look at a body you see a history.
Once that body isn't seen anymore,
the story it tried to tell gets lost—

On nights like this, she'll walk as far as the bridge
before she turns back.
Everything still smells of summer.
And her body begins to seem again the body she had as a young
*   [woman,*
glistening under the light summer clothing.

Faziam piqueniques também.
Rapazes e moças por fim se tornaram casais;
depois de um tempo, descobriram a floresta
onde é sempre crepúsculo —

Agora a floresta costuma ficar vazia —
os corpos nus acharam outros esconderijos.

No rio, a água só é suficiente para que o céu da noite
estampe seus vestígios nas pedras. A lua brilha,
uma pedra entre tantas outras. E o vento se avia;
sopra as arvorezinhas que crescem na beira do rio.

Ao olhar para um corpo, vê-se uma história.
Quando esse corpo não é mais olhado,
a história que tentava contar está perdida —

Em noites como essa, ela caminha até a ponte
antes de voltar para casa.
Cheiro de verão por toda parte.
E seu corpo assemelha-se ao corpo que tinha quando jovem,
resplandecente sob os trajes leves de verão.

Via delle Ombre

On most days, the sun wakes me.
Even on dark days, there's a lot of light in the mornings—
thin lines where the blinds don't come together.
It's morning—I open my eyes.
And every morning I see again how dirty this place is, how grim.
So I'm never late for work—this isn't a place to spend time in,
watching the dirt pile up as the sun brightens.

During the day at work, I forget about it.
I think about work: getting colored beads into plastic vials.
When I get home at dusk, the room is shadowy—
the shadow of the bureau covers the bare floor.
It's telling me whoever lives here is doomed.

When I'm in moods like that,
I go to a bar, watch sports on television.

Sometimes I talk to the owner.
He says moods don't mean anything—
the shadows mean night is coming, not that daylight will never
                                                                                  [return.
He tells me to move the bureau; I'll get different shadows, maybe
a different diagnosis.

Via delle Ombre

Na maioria dos dias, quem me acorda é o sol.
Até nos dias sombrios, as manhãs têm muita luz —
fiapos de claridade onde as persianas não se encaixam.
É de manhã — abro os olhos.
E diariamente percebo como este lugar é sujo, tão nefasto.
Por isso nunca me atraso para o trabalho — é impraticável
                                            [ficar aqui
assistindo à poeira se aglomerar enquanto o sol brilha.

Ao longo do dia de trabalho, me esqueço de tudo isso.
Penso no trabalho: miçangas coloridas em tubos plásticos.
No entardecer, quando chego em casa, o quarto é soturno —
as sombras da escrivaninha revestem o assoalho.
Revelam que quem mora aqui está condenado.

Quando estou nesse estado de espírito,
vou num bar, assisto a um jogo na televisão.

Às vezes converso com o proprietário.
Ele diz que os estados de espírito não significam nada —
as sombras anunciam que a noite se aproxima, não que a luz
                                       [do dia nunca mais regressará.
Ele me aconselha a mudar a escrivaninha de lugar; terei
                              [sombras diferentes, talvez
outro diagnóstico.

If we're alone, he turns down the volume of the television.
The players keep crashing into each other
but all we hear are our own voices.

If there's no game, he'll pick a film.
It's the same thing—the sound stays off, so there's only images.
When the film's over, we compare notes, to see if we both saw the
*   [same story.*
Sometimes we spend hours watching this junk.

When I walk home it's night. You can't see for once how shabby the
*   [houses are.*
The film is in my head: I tell myself I'm following the path of the
*   [hero.*

The hero ventures out—that's dawn.
When he's gone, the camera collects pictures of other things.
When he gets back, it already knows everything there is to know,
just from watching the room.

There's no shadows now.
Inside the room, it's dark; the night air is cool.
In summer, you can smell the orange blossoms.
If there's wind, one tree will do it—you don't need the whole orchard.

I do what the hero does.
He opens the window. He has his reunion with earth.

Quando estamos sozinhos, ele abaixa o volume da televisão.
Os atletas seguem em colisão contínua
mas só ouvimos nossas próprias vozes.

Quando não está passando um jogo, ele escolhe um filme.
A regra é a mesma — som desligado, apenas imagens.
Quando o filme acaba, trocamos observações, para saber se
                            [vimos a mesma história.
Às vezes passamos horas assistindo a essas tranqueiras.

Ao voltar para casa, já é noite. Nem dá para enxergar o
                            [desleixo das casas.
O filme não sai da minha cabeça. Me consolo, estou
               [seguindo a jornada do herói.

O herói se aventura — é o alvorecer.
Quando sai, a câmera busca imagens de outras coisas.
Quando volta, a câmera já mapeou tudo que precisa ser revelado
por uma simples olhadela no quarto.

Nenhuma sombra à vista.
Dentro do quarto, a escuridão; é fresco o ar da noite.
No verão, sente-se o aroma das flores de laranjeira.
Quando venta, basta uma árvore — o pomar inteiro seria demais.

Faço o que o herói faz.
Ele abre a janela. Ele se reconcilia com a terra.

Hunters

*A dark night—the streets belong to the cats.
The cats and whatever small thing they find to kill—
The cats are fast like their ancestors in the hills
and hungry like their ancestors.*

*Hardly any moon. So the night's cool—
no moon to heat it up. Summer's on the way out
but for now there's still plenty to hunt
though the mice are quiet, watchful like the cats.*

*Smell the air—a still night, a night for love.
And every once in a while a scream
rising from the street below
where the cat's digging his teeth into the rat's leg.*

*Once the rat screams, it's dead. That scream is like a map:
it tells the cat where to find the throat. After that,
the scream's coming from a corpse.*

*You're lucky to be in love on nights like this,
still warm enough to lie naked on top of the sheets,
sweating, because it's hard work, this love, no matter what
                                    [anyone says.*

Caçadores

Noite profunda — as ruas pertencem aos gatos.
Aos gatos e às pequenas criaturas de que são predadores —
Os gatos são ágeis como seus ancestrais nas colinas
e tão esfomeados quanto seus antepassados.

Lua nova. Assim, noite fria —
pouca lua não aquece a noite. O verão se anuncia
mas ainda há muitas presas à espera,
apesar dos ratos silenciosos, vigilantes feito gatos.

Fareje o ar — noite calma, noite para o amor.
E de tempos em tempos ouve-se
um grito vindo da rua de baixo
onde um gato crava os dentes na pata do rato.

Depois do grito, o rato está morto. Esse grito é como um mapa:
ao gato, circunscreve a garganta da presa. Em seguida,
o próximo grito é de um cadáver.

Sorte de quem vive uma paixão em noites como essa,
quente o bastante para deitar o corpo nu sobre os lençóis,
transpirando, porque é árduo esse amor, doa a quem doer.

The dead rats lie in the street, where the cat drops them.
Be glad you're not on the street now,
before the street cleaners come to sweep them away. When the
                                              [sun rises,
it won't be disappointed with the world it finds,
the streets will be clean for the new day and the night that follows.

Just be glad you were in bed,
where the cries of love drown out the screams of the corpses.

Cadáveres de ratos jazem nas ruas, abandonados pelos gatos.
Sorte a sua não estar na rua nessa hora,
antes da chegada dos garis com suas vassouras. Ao nascer, o sol
não ficará desapontado com o mundo ao defrontá-lo,
as ruas estarão limpas para o dia que começa e a noite que o
[seguirá.

Sorte a sua por já estar na cama,
onde os gritos de amor abafam os gritos dos cadáveres.

A Slip of Paper

Today I went to the doctor—
the doctor said I was dying,
not in those words, but when I said it
she didn't deny it—

What have you done to your body, her silence says.
We gave it to you and look what you did to it,
how you abused it.
I'm not talking only of cigarettes, she says,
but also of poor diet, of drink.

She's a young woman; the stiff white coat disguises her body.
Her hair's pulled back, the little female wisps
suppressed by a dark band. She's not at ease here,

behind her desk, with her diploma over her head,
reading a list of numbers in columns,
some flagged for her attention.
Her spine's straight also, showing no feeling.

No one taught me how to care for my body.
You grow up watched by your mother or grandmother.

Um pedaço de papel

Hoje fui a um consultório médico —
a médica disse que eu estava morrendo,
não com essas palavras, mas quando as pronunciei
ela não teve como negar —

O que você fez com seu corpo, pergunta o silêncio dela.
Nós o confiamos a você e veja só o que fez,
você abusou.
Não estou falando só do cigarro, diz ela,
mas da alimentação, da bebida.

É uma mulher jovem; o casaco branco e rijo disfarça o corpo.
Os cabelos presos para trás, os cachinhos esmagados
num elástico preto. Ela não está à vontade,

sentada à mesa, o diploma sobre a cabeça,
lê uma lista de números organizados em colunas,
alguns sinalizados com cuidado.
As costas também estão aprumadas, sem demonstrar emoção.

Ninguém me ensinou a cuidar do meu corpo.
Crescemos sob as vistas de mães e avós.

*Once you're free of them, your wife takes over, but she's nervous,
she doesn't go too far. So this body I have,
that the doctor blames me for—it's always been supervised by
[women,
and let me tell you, they left a lot out.

The doctor looks at me—
between us, a stack of books and folders.
Except for us, the clinic's empty.

There's a trap-door here, and through that door,
the country of the dead. And the living push you through,
they want you there first, ahead of them.

The doctor knows this. She has her books,
I have my cigarettes. Finally
she writes something on a slip of paper.
This will help your blood pressure, she says.

And I pocket it, a sign to go.
And once I'm outside, I tear it up, like a ticket to the other world.

She was crazy to come here,
a place where she knows no one.
She's alone; she has no wedding ring.
She goes home alone, to her place outside the village.
And she has her one glass of wine a day,
her dinner that isn't a dinner.*

Ao nos vermos livres delas, a esposa entra em ação, mas ela é
[nervosa,
ela não persevera. Então esse corpo que é meu,
pelo qual a médica me culpa — sempre foi controlado por
[mulheres,
e, quer saber de uma coisa, elas deixaram muito a desejar.

A médica olha para mim —
entre nós há uma pilha de livros e pastas,
À exceção de nós, o consultório está vazio.

Há um alçapão aqui, e do outro lado da porta
está o reino dos mortos. E os vivos forçam sua passagem,
querem que você vá primeiro, antes deles.

A médica sabe disso. Ela com seus livros,
eu com meus cigarros. Enfim
faz uma anotação num pedaço de papel.
Isso vai ajudar na sua pressão arterial, diz ela.

Guardo no bolso, um sinal da partida.
E assim que saio, rasgo o papel, esse bilhete para o outro mundo.

Ela é louca de ter vindo parar aqui,
um lugar onde não conhece ninguém.
É sozinha; não usa aliança de casamento.
Volta sozinha para casa, seu recanto fora do povoado.
E toma uma taça de vinho por dia,
na hora do jantar que não é bem um jantar.

And she takes off that white coat:
between that coat and her body,
there's just a thin layer of cotton.
And at some point, that comes off too.

To get born, your body makes a pact with death,
and from that moment, all it tries to do is cheat—

You get into bed alone. Maybe you sleep, maybe you never wake up.
But for a long time you hear every sound.
It's a night like any summer night; the dark never comes.

Então tira o casaco branco:
entre o casaco e seu corpo,
só uma leve camada de algodão.
E a certa altura, nem isso.

Para nascer, todo corpo faz um pacto com a morte
e a partir daí, é só trapaça atrás de trapaça —

Você vai dormir sozinha. Talvez durma, talvez nunca mais
                                                                  [acorde.
Mas durante um longo tempo consegue ouvir cada som.
É uma noite costumeira de verão; nunca escurece.

Bats

There are two kinds of vision:
the seeing of things, which belongs
to the science of optics, versus
the seeing beyond things, which
results from deprivation. Man mocking the dark, rejecting
worlds you do not know: though the dark
is full of obstacles, it is possible to have
intense awareness when the field is narrow
and the signals few. Night has bred in us
thought more focused than yours, if rudimentary:
man the ego, man imprisoned in the eye,
there is a path you cannot see, beyond the eye's reach,
what the philosophers have called
the via negativa: *to make a place for light*
the mystic shuts his eyes—illumination
of the kind he seeks destroys
creatures who depend on things.

Morcegos

Há dois tipos de visão:
a visão das coisas, associada
à ciência óptica, versus
a visão além das coisas, que é
o efeito da privação. O homem zomba da escuridão, rejeita
mundos que desconhece: embora no escuro
haja muitos obstáculos, é possível ter
extrema consciência de uma área estreita
e da sinalização parca. A noite cultivou em nós
um pensamento mais orientado que o seu, ainda que
                                [rudimentar:
homem-ego, homem prisioneiro ocular,
há um curso que você não vê, além do alcance da visão,
que os filósofos nomearam
via negativa: para dar lugar à luz
o místico fecha os olhos — a iluminação
que ele persegue devasta
as criaturas que dependem das coisas.

Burning Leaves

The fire burns up into the clear sky,
eager and furious, like an animal trying to get free,
to run wild as nature intended—

When it burns like this,
leaves aren't enough—it's
acquisitive, rapacious,

refusing to be contained, to accept limits—

There's a pile of stones around it.
Past the stones, the earth's raked clean, bare—

Finally the leaves are gone, the fuel's gone,
the last flames burn upwards and sidewards—

Concentric rings of stones and gray earth
circle a few sparks;
the farmer stomps on these with his boots.

It's impossible to believe this will work—
not with a fire like this, those last sparks
still resisting, unfinished,
believing they will get everything in the end

Folhas na fogueira

O fogo abrasa o céu límpido,
ávido e furioso, feito animal que busca liberdade,
indócil conforme a sua natureza —

Quando assim queima,
as folhas não lhe bastam —
o fogo é ganancioso, voraz,

recusa ser contido, não aceita limites —

Pedras amontoadas em seu entorno.
E além delas, o solo rastelado, a terra nua —

Enfim sem folhas, sem combustível,
as chamas derradeiras ascendem, ladeiam —

Formas concêntricas de pedra e cinzas
circundam algumas fagulhas;
o lavrador as pisoteia com suas botas.

Impossível crer que essa será a solução —
não com esse fogo, essas faíscas extremas
que resistem, persistem,
crentes que por fim devorarão tudo

since it is obvious they are not defeated,
merely dormant or resting, though no one knows
whether they represent life or death.

pois é certo que não conhecem a derrota,
só dormência ou repouso, embora ninguém saiba
se retratam a vida ou a morte.

March

*The light stays longer in the sky, but it's a cold light,
it brings no relief from winter.*

*My neighbor stares out the window,
talking to her dog. He's sniffing the garden,
trying to reach a decision about the dead flowers.*

*It's a little early for all this.
Everything's still very bare—
nevertheless, something's different today from yesterday.*

*We can see the mountain: the peak's glittering where the ice catches
                                                [the light.
But on the sides the snow's melted, exposing bare rock.*

*My neighbor's calling the dog, making her unconvincing doglike
                                                [sounds.
The dog's polite; he raises his head when she calls,
but he doesn't move. So she goes on calling,
her failed bark slowly deteriorating into a human voice.*

*All her life she dreamed of living by the sea
but fate didn't put her there.*

Março

A claridade perdura no céu, mas é fria essa luz,
não desoprime do inverno.

Minha vizinha olha pela janela,
fala com o cachorro. Ele fareja o jardim,
tenta deliberar sobre as flores mortas.

É cedo para tanto.
Em toda parte, o vazio —
ainda que hoje pareça diferente de ontem.

Avista-se a montanha: o pico rebrilha onde o gelo flagra a luz.
Mas nas encostas a neve derreteu, desmascarando a rocha.

Minha vizinha chama o cachorro, emite sons caninos
[inconvincentes.
O cachorro tem bons modos; levanta a cabeça ao ser
[chamado,
mas não se mexe. Então ela continua a chamar,
e seu latido fracassado sem pressa se deteriora em voz
[humana.

Toda vida sonhou em viver à beira-mar
mas o destino não quis assim.

It laughed at her dreams;
it locked her up in the hills, where no one escapes.

The sun beats down on the earth, the earth flourishes.
And every winter, it's as though the rock underneath the earth rises
higher and higher and the earth becomes rock, cold and rejecting.

She says hope killed her parents, it killed her grandparents.
It rose up each spring with the wheat
and died between the heat of summer and the raw cold.
In the end, they told her to live near the sea,
as though that would make a difference.

By late spring she'll be garrulous, but now she's down to two
                                            [words,
never and only, to express this sense that life's cheated her.

Never the cries of the gulls, only, in summer, the crickets, cicadas.
Only the smell of the field, when all she wanted
was the smell of the sea, of disappearance.

The sky above the fields has turned a sort of grayish pink
as the sun sinks. The clouds are silk yarn, magenta and crimson.

And everywhere the earth is rustling, not lying still.
And the dog senses this stirring; his ears twitch.

Ele zombava dos seus sonhos;
pregou-a às colinas, de onde não há saída.

O sol escalda a terra, a terra floresce.
E a cada inverno, é como se a rocha sob a terra se elevasse
mais e mais, e a terra virasse a rocha, fria e renegada.

Ela diz que a esperança matou seus pais, matou seus avós.
A esperança despontava na primavera, com o trigo,
e se perdia entre o calor do verão e a brusquidão do
                                          [inverno.
Por fim, disseram-lhe para viver perto do mar,
como se ainda fizesse alguma diferença.

No fim da primavera, é uma tagarela; por enquanto,
                    [limita-se a duas palavras,
nunca e *só*, a expressar a sensação de que fora enganada
                                          [pela vida.

Nunca o grasnar das gaivotas; no verão, só os grilos e as
                                          [cigarras.
Só o aroma dos campos, quando o que mais desejava
era o cheiro do mar, da dissolução.

O céu no horizonte dos campos passa a um rosa cinzento
enquanto o sol se põe. As nuvens são fios de seda,
                        [magenta e carmim.

Em todo canto a terra sussurra, nunca repousa.
E o cachorro sente o alvoroço; crispa as orelhas.

He walks back and forth, vaguely remembering
from other years this elation. The season of discoveries
is beginning. Always the same discoveries, but to the dog,
intoxicating and new, not duplicitous.

I tell my neighbor we'll be like this
when we lose our memories. I ask her if she's ever seen the sea
and she says, once, in a movie.
It was a sad story, nothing worked out at all.

The lovers part. The sea hammers the shore, the mark each wave
                                                        [leaves
wiped out by the wave that follows.
Never accumulation, never one wave trying to build on another,
never the promise of shelter—

The sea doesn't change as the earth changes;
it doesn't lie.
You ask the sea, what can you promise me
and it speaks the truth; it says erasure.

Finally the dog goes in.
We watch the crescent moon,
very faint at first, then clearer and clearer
as the night grows dark.
Soon it will be the sky of early spring, stretching above the stubborn
                                                        [ferns and violets.

Ele anda pra lá e pra cá, e recorda vagamente
a euforia de outros tempos. A temporada de descobertas
está no começo. Sempre as mesmas, mas, para o cachorro,
são novas, inebriantes, jamais equívocas.

Digo à vizinha que ficaremos assim
quando perdermos a memória. Pergunto se ela já viu o mar
e ela diz: uma vez, num filme.
Era uma história triste, que não acabou bem.

Amantes se separam. O mar golpeia a costa, o rastro de cada onda
aniquilado pela onda decorrente.
Nunca o acúmulo, nunca uma onda arremedo de outra onda,
nunca a promessa de abrigo —

O mar não é tão mutável quanto a terra;
o mar não mente.
Pergunte ao mar: o que pode me prometer
e ele é sincero; ele diz *rasura*.

Enfim o cachorro entra na casa.
Assistimos à lua crescente,
primeiro tênue, depois cada vez mais clara
à medida que a noite escurece.
Logo se verá o céu da primavera, estendendo-se sobre
                    [samambaias e violetas teimosas.

Nothing can be forced to live.
The earth is like a drug now, like a voice from far away,
a lover or master. In the end, you do what the voice tells you.
It says forget, you forget.
It says begin again, you begin again.

Nada se obriga à vida.
A terra é como um alucinógeno, como uma voz longínqua,
é amante ou mestre. No fim, você faz o que a voz comanda.
Ela diz esqueça, você esquece.
Ela diz recomece, você recomeça.

A Night in Spring

*They told her she came out of a hole in her mother
but really it's impossible to believe
something so delicate could come out of something
so fat—her mother naked
looks like a pig. She wants to think
the children telling her were making fun of her ignorance;
they think they can tell her anything
because she doesn't come from the country, where people know these*
                                                            [*things.*

*She wants the subject to be finished, dead. It troubles her
to picture this space in her mother's body,
releasing human beings now and again,
first hiding them, then dropping them into the world,*

*and all along drugging them, inspiring the same feelings
she attaches to her bed, this sense of solitude, this calm,
this sense of being unique—*

*Maybe her mother still has these feelings.
This could explain why she never sees
the great differences between the two of them*

Uma noite de primavera

Disseram-lhe que ela havia saído de um buraco da mãe
mas é impossível acreditar
que coisa tão frágil poderia sair de coisa
tão gorda — sua mãe, nua,
parece uma porca. Ela prefere acreditar
que essas crianças zombavam da sua ignorância;
elas acham que podem dizer qualquer coisa
porque ela não é do interior, onde as pessoas sabem dessas
[coisas.

Deseja que o assunto seja encerrado, enterrado. É
[atordoante
imaginar esse espaço no corpo da sua mãe,
que de vez em quando libera seres humanos,
primeiro os esconde, depois os joga no mundo,

e o tempo todo os entorpece, inspirando as mesmas
[sensações
que ela atribui à própria cama, a noção de solidão, a calma,
a impressão de ser uma pessoa única —

Talvez a mãe ainda tenha essas sensações.
O que explicaria o fato de nunca perceber
as diferenças abissais que existem entre as duas

because at one point they were the same person—

*She sees her face in the mirror, the small nose
sunk in fat, and at the same time she hears
the children's laughter as they tell her
it doesn't start in the face, stupid,
it starts in the body—*

*At night in bed, she pulls the quilt as high as possible,
up to her neck—*

*She has found this thing, a self,
and come to cherish it,
and now it will be packed away in flesh and lost—*

*And she feels her mother did this to her, meant this to happen.
Because whatever she may try to do with her mind,
her body will disobey,
that its complacency, its finality, will make her mind invisible,
no one will see—*

*Very gently, she moves the sheet aside.
And under it, there is her body, still beautiful and new
with no marks anywhere. And it seems to her still
identical to her mind, so consistent with it as to seem
transparent, almost,*

*and once again
she falls in love with it and vows to protect it.*

porque a certa altura *foram* a mesma pessoa —

Ela olha seu rosto no espelho, o nariz pequeno
afundado em gordura, enquanto ouve
a risada das crianças lhe dizendo:
não é o rosto, sua burra,
é o corpo —

À noite, na cama, ela puxa a colcha até em cima
para cobrir o pescoço —

Ela fez uma descoberta, a da individualidade,
e passou a apreciá-la,
e deixar que se embale em carne e abandono —

E sente que a mãe lhe proporcionou isso, era o que ela
                                              [esperava.
Pois pouco importa o que venha a tentar fazer com a mente,
o corpo irá desobedecer
porque é complacente, tem finalidade, faz da mente
                                              [invisível,
ela não pode ser vista —

Então tira o lençol com delicadeza.
Sob ele, seu corpo, ainda belo e jovem
sem as marcas do tempo. E lhe parece ainda
tão idêntico, tão íntegro à sua mente a ponto
de parecer quase translúcido,

e de novo
apaixona-se por ele e jura protegê-lo.

Harvest

It's autumn in the market—
not wise anymore to buy tomatoes.
They're beautiful still on the outside,
some perfectly round and red, the rare varieties
misshapen, individual, like human brains covered in red oilcloth—

Inside, they're gone. Black, moldy—
you can't take a bite without anxiety.
Here and there, among the tainted ones, a fruit
still perfect, picked before decay set in.

Instead of tomatoes, crops nobody really wants.
Pumpkins, a lot of pumpkins.
Gourds, ropes of dried chilies, braids of garlic.
The artisans weave dead flowers into wreaths;
they tie bits of colored yarn around dried lavender.
And people go on for a while buying these things
as though they thought the farmers would see to it
that things went back to normal:
the vines would go back to bearing new peas;
the first small lettuces, so fragile, so delicate, would begin
to poke out of the dirt.

Colheita

Já é outono no mercado —
não é mais época de comprar tomates.
Alguns ainda estão bonitos por fora,
redondos e vermelhinhos, variedades
deformadas, singulares, feito cérebro humano sob linóleo
                                            [vermelho —

Por dentro, já eram. Podres, mofados —
não se pode arriscar uma mordida sem angústia.
Aqui e ali, entre os estragados, um fruto
ainda intacto, colhido antes da decadência.

Em vez de tomates, safras que ninguém deseja.
Abóboras, pilhas de abóboras.
Cabaças, fiadas de pimenta seca, tranças de alho.
Artesãos tramam flores mortas em guirlandas;
amarram lavanda seca com fios de lã colorida.
E as pessoas ainda compram essas coisas
como se esperassem que, se os agricultores tivessem
mais cuidado, tudo voltaria ao normal:
os caules tornariam a produzir ervilhas frescas;
alfaces bebês, tão frágeis, tão delicadas, começariam
a despontar do solo.

Instead, it gets dark early.
And the rains get heavier; they carry
the weight of dead leaves.

At dusk, now, an atmosphere of threat, of foreboding.
And people feel this themselves; they give a name to the season,
harvest, to put a better face on these things.

The gourds are rotting on the ground, the sweet blue grapes are
                                            [finished.
A few roots, maybe, but the ground's so hard the farmers think
it isn't worth the effort to dig them out. For what?
To stand in the marketplace under a thin umbrella, in the rain, in
                                            [the cold,
no customers anymore?

And then the frost comes; there's no more question of harvest.
The snow begins; the pretense of life ends.
The earth is white now; the fields shine when the moon rises.

I sit at the bedroom window, watching the snow fall.
The earth is like a mirror:
calm meeting calm, detachment meeting detachment.

What lives, lives underground.
What dies, dies without struggle.

Em vez disso, anoitece mais cedo.
Vêm as chuvas, intensas demais; carregam
o peso das folhas secas.

No cair da noite, uma atmosfera de ameaça, de mau agouro.
E as pessoas sentem isso na pele; dão um nome à estação,
colheita, para dar uma aparência melhor às intimidações.

Cabaças apodrecem no chão, a vindima das uvas roxas
                          [adocicadas chegou ao fim.
Restam raízes, talvez, mas o solo está tão duro que os
                               [agricultores acham
que não vale o esforço de escavá-las. Para quê?
Para ficarem nos mercados sob guarda-chuvas pequenos, na
                                  [chuva, no frio,
à espera de clientes?

Então vem a geada; a colheita deixa de ser assunto.
Começa a nevar; a pretensão de vida se dissipa.
A terra agora é branca; os campos reluzem à luz da lua.

Eu me sento na janela do quarto, assisto à neve que cai.
A terra parece um espelho:
calma produz calma, indiferença produz indiferença.

O que vive, vive no subterrâneo.
O que morre, morre sem esforço.

Confession

*He steals sometimes, because they don't have their own tree
and he loves fruit. Not steals exactly—
he pretends he's an animal; he eats off the ground,
as the animals would eat. This is what he tells the priest,
that he doesn't think it should be a sin to take what would just lie*
                                          *[there and rot,
this year like every other year.*

*As a man, as a human being, the priest agrees with the boy,
but as a priest he chastises him, though the penance is light,
so as to not kill off imagination: what he'd give
to a much younger boy who took something that wasn't his.*

*But the boy objects. He's willing to do the penance
because he likes the priest, but he refuses to believe that Jesus
gave this fig tree to this woman; he wants to know
what Jesus does with all the money he gets from real estate,
not just in this village but in the whole country.*

*Partly he's joking but partly he's serious
and the priest gets irritated—he's out of his depth with this boy,
he can't explain that though Christ doesn't deal in property,*

Confissão

Ele rouba, às vezes, porque não tem árvores em casa
e adora frutas. Não chega a roubar —
finge ser um animal; come do chão,
à moda dos animais. É o que diz ao padre,
que não deveria ser pecado catar o que estava no chão
                              [apodrecendo,
neste ano ou em qualquer outro ano.

Na condição de homem, de ser humano, o padre concorda
                              [com o garoto,
mas na condição de padre o castiga, embora a penitência
                              [seja leve,
para não destruir sua imaginação: a mesma pena imposta
a um menininho que pegou uma coisa que não lhe
                              [pertencia.

Mas o garoto contesta. Aceita fazer a penitência
porque gosta do padre, mas se recusa a acreditar que Jesus
tenha dado a figueira a essa mulher; ele quer saber
o que Jesus faz com todo o dinheiro que recebe dos imóveis,
não só desta cidadezinha, mas de todo o país.

Em parte é brincadeira, em parte fala sério
e o padre fica irritado — não consegue lidar com a situação,
nem explicar que, embora Cristo não atue no mercado
                              [imobiliário,

still the fig tree belongs to the woman, even if she never picks the
*   [figs.*
Perhaps one day, with the boy's encouragement,
the woman will become a saint and share her fig tree and her big
*   [house with strangers,*
but for the moment she's a human being whose ancestors built this
*   [house.*

The priest is pleased to have moved the conversation away from
*   [money,*
which makes him nervous, and back to words like family *or*
*   [tradition,
where he feels more secure. The boy stares at him—
he knows perfectly well the ways in which he's taken advantage of a
*   [senile old lady,*
the ways he's tried to charm the priest, to impress him. But he
*   [despises*
speeches like the one beginning now;
he wants to taunt the priest with his own flight: if he loves family so
*   [much,*
why didn't the priest marry as his parents married, continue the
*   [line from which he came.*

But he's silent. The words that mean there will be
no questioning, no trying to reason—those words have been uttered.
"Thank you, Father," he says.

a figueira pertence à mulher, mesmo que ela nunca colha os
[figos.
Quem sabe um dia, por incentivo do garoto,
a mulher se torne uma santa e divida sua figueira e seu
[casarão com estranhos,
mas por ora é um ser humano que descende dos
[construtores dessa casa.

O padre fica contente ao desviar a conversa do tema do
[dinheiro,
assunto que o deixa nervoso, e retoma palavras como *família*
[e *tradição*,
áreas em que se sente mais seguro. O garoto olha para ele —
sabe muito bem os meios que utilizou para se aproveitar de
[uma velha gagá,
e como tentou ganhar a simpatia do padre, impressioná-lo.
[Mas despreza
sermões como esse que acaba de começar;
quer usar a evasiva do padre para irritá-lo: se ele preza tanto
[a família,
por que nunca se casou, tal como seus pais, para continuar a
[linhagem que lhe deu origem.

Mas fica em silêncio. As palavras que expressam ausência
de questionamento, dificuldade na argumentação — essas já
[foram proferidas.
Ele diz: "Obrigado, padre".

Marriage

*All week they've been by the sea again
and the sound of the sea colors everything.
Blue sky fills the window.
But the only sound is the sound of the waves pounding the shore—
angry. Angry at something. Whatever it is
must be why he's turned away. Angry, though he'd never hit her,
never say a word, probably.*

*So it's up to her to get the answer some other way,
from the sea, maybe, or the gray clouds suddenly
rising above it. The smell of the sea is in the sheets,
the smell of sun and wind, the hotel smell, fresh and sweet
because they're changed every day.*

*He never uses words. Words, for him, are for making arrangements,
for doing business. Never for anger, never for tenderness.*

*She strokes his back. She puts her face up against it,
even though it's like putting your face against a wall.*

*And the silence between them is ancient: it says
these are the boundaries.*

Casamento

Passaram a semana à beira-mar outra vez
e o marulho altera tudo ao redor.
O céu azul inunda a janela.
Mas o som é um só, o som das ondas martelando a costa —
com raiva. Raiva por algum motivo. Seja qual for,
deve ser por isso que ele se afastou. Com raiva, embora
[nunca
tenha batido nela, é provável que nunca tenha dito nada.

Então cabe a ela conseguir a resposta de outro modo,
do mar, talvez, ou das nuvens cinzentas, que, repentinas,
pairam sobre ele. O cheiro do mar está nos lençóis,
o cheiro do sol e do vento, o cheiro do hotel, doce e fresco
dos lençóis trocados diariamente.

Ele nunca usa as palavras. Palavras, para ele, servem para
[acordos,
para negociações. Nunca para raiva, nunca para ternura.

Ela acaricia suas costas. Aproxima-se, encosta o rosto,
mesmo que a sensação seja a de colar o rosto à parede.

E o silêncio entre eles é ancestral: delimita
e atesta fronteiras.

He isn't sleeping, not even pretending to sleep.
His breathing's not regular: he breathes in with reluctance;
he doesn't want to commit himself to being alive.
And he breathes out fast, like a king banishing a servant.

Beneath the silence, the sound of the sea,
the sea's violence spreading everywhere, not finished, not finished,
his breath driving the waves—

But she knows who she is and she knows what she wants.
As long as that's true, something so natural can't hurt her.

Ele não está dormindo, nem finge dormir.
Sua respiração é entrecortada: ele inspira com relutância;
não quer se obrigar ao compromisso de estar vivo.
Expira impaciente, como um rei que despacha o servo.

Sob o silêncio, o som do mar,
a violência do mar que se alastra, e não cessa, não cessa,
a respiração dele a propulsar as ondas —

Mas ela sabe quem ela é e sabe o que ela quer.
Enquanto essa verdade persiste, uma coisa tão natural não
                              [pode feri-la.

Primavera

*Spring comes quickly: overnight
the plum tree blossoms,
the warm air fills with bird calls.*

*In the plowed dirt, someone has drawn a picture of the sun
with rays coming out all around
but because the background is dirt, the sun is black.
There is no signature.*

*Alas, very soon everything will disappear:
the bird calls, the delicate blossoms. In the end,
even the earth itself will follow the artist's name into oblivion.*

*Nevertheless, the artist intends
a mood of celebration.*

*How beautiful the blossoms are—emblems of the resilience of life.
The birds approach eagerly.*

Primavera

Tão rápido já é primavera: de pernoite
a ameixeira está em flor,
quente, o ar ecoa o canto dos pássaros.

No solo arado, alguém fez um desenho do sol
com raios que se espicham por toda parte
mas, devido à terra escura, o sol é preto.
Não há assinatura.

É uma pena, mas em breve tudo desaparecerá:
o canto dos pássaros, a sutileza das flores. No fim,
mesmo a terra acompanhará o nome do artista ao
                              [esquecimento.

No entanto, o artista pretende
um clima de celebração.

As flores são tão lindas — emblemas da resiliência da vida.
Os pássaros se aproximam com entusiasmo.

Figs

My mother made figs in wine—
poached with cloves, sometimes a few peppercorns.
Black figs, from our tree.
And the wine was red, the pepper left a taste of smoke in the syrup.
I used to feel I was in another country.

Before that, there'd be chicken.
In autumn, sometimes filled with wild mushrooms.
There wasn't always time for that.
And the weather had to be right, just after the rain.
Sometimes it was just chicken, with a lemon inside.

She'd open the wine. Nothing special—
something she got from the neighbors.
I miss that wine—what I buy now doesn't taste as good.

I make these things for my husband,
but he doesn't like them.
He wants his mother's dishes, but I don't make them well.
When I try, I get angry—

He's trying to turn me into a person I never was.
He thinks it's a simple thing—
you cut up a chicken, throw a few tomatoes into the pan.

Figos

Mamãe cozinhava figos ao vinho —
punha cravos na fervura, às vezes grãos de pimenta.
Figos pretos, da nossa figueira.
O vinho era tinto, a pimenta dava um gosto defumado na
[calda.
Eu sentia como se estivesse em outro país.

Antes deles, comíamos frango.
Às vezes, no outono, recheado de cogumelos silvestres.
Nem sempre havia ocasião para isso.
Tinha que ser no tempo certo, logo depois da chuva.
Noutras, era só frango com um limão dentro.

Ela abria o vinho. Nada excepcional —
uma garrafa que arranjava na vizinhança.
Sinto falta daquele vinho — o que compro não é tão bom.

Faço esses pratos para o meu marido,
mas ele não gosta.
Quer os pratos da sua mãe, mas eu não sei reproduzi-los.
Quando tento, fico irritada —

Ele tenta me transformar numa pessoa que nunca fui.
Acha que é uma tarefa simples —
cortar um frango, jogar uns tomates na panela.

Garlic, if there's garlic.
An hour later, you're in paradise.

He thinks it's my job to learn, not his job
to teach me. What my mother cooked, I don't need to learn.
My hands already knew, just from smelling the cloves
while I did my homework.
When it was my turn, I was right. I did know.
The first time I tasted them, my childhood came back.

When we were young, it was different.
My husband and I—we were in love. All we ever wanted
was to touch each other.

He comes home, he's tired.
Everything is hard—making money is hard, watching your body
                                                    [change
is hard. You can take these problems when you're young—
something's difficult for a while, but you're confident.
If it doesn't work out, you'll do something else.

He minds summer most—the sun gets to him.
Here it's merciless, you can feel the world aging.
The grass turns dry, the gardens get full of weeds and slugs.

It was the best time for us once.
The hours of light when he came home from work—
we'd turn them into hours of darkness.

E alho, quando tem alho.
Uma hora depois, o paraíso.

Ele acha que minha tarefa é aprender, não a dele
me ensinar. Os pratos da minha mãe, não preciso aprender.
Já sabia de antemão, só de sentir o aroma do cravo
enquanto fazia o dever de casa.
Quando chegou minha vez, me saí bem. Eu sabia.
A primeira vez que os provei, voltei à infância.

Quando éramos jovens, tudo era diferente.
Meu marido e eu — apaixonados. O que mais desejávamos
era trocar carícias.

Ele chega em casa, está cansado.
Tudo é difícil — ganhar dinheiro é difícil, testemunhar as
                                  [mudanças corporais
é difícil. É possível lidar com esses problemas quando se é
                                  [jovem —
às vezes complica, mas segue-se confiante.
Se não der certo, há alternativas.

O verão é o que mais o preocupa — o sol o incomoda.
Aqui ele é impiedoso, dá para sentir o envelhecimento do
                                  [mundo.
A grama seca, o jardim se enche de ervas daninhas e lesmas.

Já foi nossa época preferida.
A claridade quando ele chegava do trabalho —
nós a transformamos em horas de escuridão.

Everything was a big secret—
even the things we said every night.

And slowly the sun would go down;
we'd see the lights of the city come on.
The nights were glossy with stars—stars
glittered above the high buildings.

Sometimes we'd light a candle.
But most nights, no. Most nights we'd lie there in the darkness,
with our arms around each other.

But there was a sense you could control the light—
it was a wonderful feeling; you could make the whole room
bright again, or you could lie in the night air,
listening to the cars.

We'd get quiet after a while. The night would get quiet.
But we didn't sleep, we didn't want to give up consciousness.
We had given the night permission to carry us along;
we lay there, not interfering. Hour after hour, each one
listening to the other's breath, watching the light change
in the window at the end of the bed—

whatever happened in that window,
we were in harmony with it.

Dividíamos um segredo grandioso —
até naquilo que dizíamos todas as noites.

E lentamente o sol se punha;
assistíamos às luzes da cidade se acenderem.
A noite lustrada de estrelas — estrelas
reluzentes sobre os altos edifícios.

Às vezes acendíamos uma vela.
Na maioria das noites, não. Na maioria das noites,
                       [deitávamos no escuro,
abraçados, entrelaçados.

Mas havia a sensação de poder controlar a luz —
uma sensação magnífica; de fazer com que a sala
se iluminasse, ou continuar deitados na brisa da noite,
ouvindo o trânsito dos carros.

Depois de um tempo, silenciávamos. A noite silenciava.
Mas não dormíamos, não queríamos renunciar à
                               [consciência.
Permitíamos que a noite nos carregasse;
deitados ali, sem interferências. Horas e horas, cada um
ouvindo a respiração do outro, a observar a variação da luz
na janela ao pé da cama —

tudo que se passava naquela janela
era motivo de harmonia.

At the Dance

*Twice a year we hung the Christmas lights—
at Christmas for our Lord's birth, and at the end of August,
as a blessing on the harvest—
near the end but before the end,
and everyone would come to see,
even the oldest people who could hardly walk—*

*They had to see the colored lights,
and in summer there was always music, too—
music and dancing.*

*For the young, it was everything.
Your life was made here—what was finished under the stars
started in the lights of the plaza.
Haze of cigarettes, the women gathered under the colored
awnings
singing along with whatever songs were popular that year,
cheeks brown from the sun and red from the wine.*

*I remember all of it—my friends and I, how we were changed by
                                    [the music,
and the women, I remember how bold they were, the timid ones
along with the others—*

No baile

Duas vezes por ano, pendurávamos luzes de Natal —
no Natal para o aniversário de Jesus, e no fim de agosto
para agradecer a bênção da colheita —
mais para o final, um pouco antes,
e as pessoas vinham ver,
até os idosos, que mal conseguiam andar —

Não perdiam por nada as luzes coloridas,
e no verão a música não podia faltar —
música e dança.

Para a juventude, era o grande momento.
Cresceram assim — o que terminava sob as estrelas
recomeçava com as luzes da praça.
Névoa de cigarro, mulheres cantando sob toldos coloridos
todas as músicas mais tocadas naquele ano,
bochechas morenas de sol e vermelhas de vinho.

Lembro perfeitamente — meus amigos e eu, a música
                            [transformava nossa vida,
e as mulheres, me lembro de como eram ousadas, e das
                                        [tímidas
reunidas num canto —

A spell was on us, but it was a sickness too,
the men and women choosing each other almost by accident,
                                        [randomly,
and the lights glittering, misleading,
because whatever you did then you did forever—

And it seemed at the time
such a game, really—lighthearted, casual,
dissipating like smoke, like perfume between a woman's breasts,
intense because your eyes are closed.

How were these things decided?
By smell, by feel—a man would approach a woman,
ask her to dance, but what it meant was
will you let me touch you, and the woman could say
many things, ask me later, she could say, ask me again.
Or she could say no, and turn away,
as though if nothing but you happened that night
you still weren't enough, or she could say yes, I'd love to dance
which meant yes, I want to be touched.

Era um feitiço, mas também era uma doença,
homens e mulheres escolhiam seus pares por acaso, de
                              [modo aleatório,
sob o brilho das luzes, enganadoras,
pois tudo que se fazia ali era eterno —

Na época, mais parecia
um jogo — alegre, descontraído,
dissipando-se como fumaça, ou perfume nos peitos de uma
                                        [mulher,
e que se intensificava quando estavam de olhos fechados.

Como essas coisas eram decididas?
Pelo cheiro, pelo tato — um homem abordava uma mulher,
convidava para dançar, mas o subtexto era
posso tocar seu corpo, e a mulher podia responder
muitas coisas: me chame depois, ou me convide de novo.
Ou podia dizer não, e dar as costas,
como se não tivesse aparecido nada melhor durante a noite,
mas aquele ainda não bastava; ou podia aceitar, vamos dançar,
cujo subtexto era sim, pode tocar meu corpo.

Solitude

*It's very dark today; through the rain,
the mountain isn't visible. The only sound
is rain, driving life underground.
And with the rain, cold comes.
There will be no moon tonight, no stars.*

*The wind rose at night;
all morning it lashed against the wheat—
at noon it ended. But the storm went on,
soaking the dry fields, then flooding them—*

*The earth has vanished.
There's nothing to see, only the rain
gleaming against the dark windows.
This is the resting place, where nothing moves—*

*Now we return to what we were,
animals living in darkness
without language or vision—*

*Nothing proves I'm alive.
There is only the rain, the rain is endless.*

Solidão

Hoje está um breu; em meio à chuva,
a montanha é invisível. O que predomina
é o barulho da chuva, aterrando a vida.
E com a chuva, vem o frio.
Noite sem lua, sem estrelas.

Ao anoitecer, o vento aperta;
passou a manhã açoitando o trigo —
cessou ao meio-dia. O temporal persistiu,
ensopando os campos secos, inundando os campos —

A terra se dissipou.
Nada para ser visto, só a chuva
contrasta em brilho as janelas escurecidas.
É o descanso eterno, onde nada se move —

Agora voltamos ao que éramos,
animais da escuridão
sem visão ou linguagem —

Nada prova que estou viva.
O que existe é a chuva, a chuva não tem fim.

Earthworm

*It is not sad not to be human
nor is living entirely within the earth
demeaning or empty: it is the nature of the mind
to defend its eminence, as it is the nature of those
who walk on the surface to fear the depths—one's
position determines one's feelings. And yet
to walk on top of a thing is not to prevail over it—
it is more the opposite, a disguised dependency,
by which the slave completes the master. Likewise
the mind disdains what it can't control,
which will in turn destroy it. It is not painful to return
without language or vision: if, like the Buddhists,
one declines to leave
inventories of the self, one emerges in a space
the mind cannot conceive, being wholly physical, not
metaphoric. What is your word?* Infinity, *meaning
that which cannot be measured.*

Minhoca

Não é triste não ser humano,
nem viver inteiramente debaixo da terra
é humilhante ou vazio: é da natureza da mente
defender sua eminência, como é da natureza desses
que andam sobre a terra temer sua profundidade — a
posição determina os sentimentos. Contudo,
caminhar na superfície não lhe dá poder sobre ela —
a situação é inversa, uma dependência disfarçada,
na qual o escravizado endossa seu senhor. Do mesmo modo,
a mente despreza aquilo que não pode controlar,
e que por sua vez irá destruí-la. Não é doloroso retornar
destituída de visão ou linguagem: de acordo com os budistas,
aquele que se recusa a deixar
inventários de si emergirá num espaço
que a mente não pode conceber, por ser matéria, e não
metáfora. Qual é o seu ensinamento? O *infinito*, isto é,
aquilo para o que não há medida.

Olive Trees

The building's brick, so the walls get warm in summer.
When the summer goes, they're still warm,
especially on the south side—you feel the sun there, in the brick,
as though it meant to leave its stamp on the wall, not just sail over it
on its way to the hills. I take my breaks here, leaning against the
[*wall,*
smoking cigarettes.

The bosses don't mind—they joke that if the business fails,
they'll just rent wall space. Big joke—everyone laughs very loud.
But you can't eat—they don't want rats here, looking for scraps.

Some of the others don't care about being warm, feeling the sun on
[*their backs*
from the warm brick. They want to know where the views are.
To me, it isn't important what I see. I grew up in those hills;
I'll be buried there. In between, I don't need to keep sneaking looks.

My wife says when I say things like this my mouth goes bitter.

Oliveiras

O prédio é de tijolos, as paredes esquentam no verão.
Quando o verão acaba, o calor se mantém
sobretudo no lado sul — lá é possível sentir o sol sobre o
                                              [tijolo,
como se ele quisesse deixar seu carimbo na parede, não só
                                              [navegá-la
a caminho das colinas. Aqui descanso do trabalho, encostado
                                              [na parede,
fumando cigarros.

Os patrões não dão a mínima — brincam que, se o negócio
                                              [fracassar,
passarão a alugar essa parede. Gozação — a gargalhada é geral.
Mas é proibido comer — querem evitar ratos atrás de farelos.

Outros não se importam com o calor, em sentir o sol nas
                                              [suas costas
coladas no tijolo quente. Só se preocupam com a vista.
Para mim, tanto faz o que vejo. Cresci nas colinas;
e lá serei enterrado. Enquanto isso, não preciso espiar nada.

Minha mulher diz que falar essas coisas deixa minha boca
                                              [amarga.

She loves the village—every day she misses her mother.
She misses her youth—how we met there and fell in love.
How our children were born there. She knows she'll never go back
but she keeps hoping—

At night in bed, her eyes film over. She talks about the olive trees,
the long silver leaves shimmering in the sunlight.
And the bark, the trees themselves, so supple, pale gray like the
                              [rocks behind them.

She remembers picking the olives, who made the best brine.
I remember her hands then, smelling of vinegar.
And the bitter taste of the olives, before you knew not to eat them
fresh off the tree.

And I remind her how useless they were without people to cure
                              [them.
Brine them, set them out in the sun—
And I tell her all nature is like that to me, useless and bitter.
It's like a trap—and you fall into it because of the olive leaves,
because they're beautiful.

Ela adora o vilarejo — sente falta da mãe todos os dias.
E da juventude — de quando nos conhecemos e nos
                            [apaixonamos.
Do lugar onde nossos filhos nasceram. Ela sabe que nunca
                                  [vai voltar,
mas alimenta esperanças —

À noite, na cama, seus olhos embaçam. Fala sobre as oliveiras,
as longas folhas prateadas cintilando ao sol.
E das cascas, as árvores ali, tão elásticas, de um cinza-claro
                        [feito as rochas postadas atrás delas.

Relembra a colheita de azeitonas, quem fazia a melhor salmoura.
Eu me lembro das suas mãos, na época, cheirando a vinagre.
E do gosto amargo das azeitonas, antes de saber que não se
                               [podia comê-las
recém-tiradas do pé.

Faço-a lembrar da inutilidade das azeitonas antes de curadas.
Salgue-as, deixe que descansem ao sol —
E digo a ela que é assim que enxergo a natureza, amarga e inútil.
É como uma arapuca — em que se cai devido às folhas da oliveira,
que são belíssimas.

You grow up looking at the hills, how the sun sets behind them.
And the olive trees, waving and shimmering. And you realize that if
                              [you don't get out fast
you'll die, as though this beauty were gagging you so you couldn't
                                          [breathe—

And I tell her I know we're trapped here. But better to be trapped
by decent men, who even re-do the lunchroom,
than by the sun and the hills. When I complain here,
my voice is heard—somebody's voice is heard. There's dispute,
                                       [there's anger.
But human beings are talking to each other, the way my wife and I
                                                  [talk.
Talking even when they don't agree, when one of them is only
                                            [pretending.

In the other life, your despair just turns into silence.
The sun disappears behind the western hills—
when it comes back, there's no reference at all to your suffering.
So your voice dies away. You stop trying, not just with the sun,
but with human beings. And the small things that made you happy
can't get through to you anymore.

I know things are hard here. And the owners—I know they lie
                                                 [sometimes.
But there are truths that ruin a life; the same way, some lies
are generous, warm and cozy like the sun on the brick wall.

Você cresce com vista para as colinas, para o sol que se põe
[logo atrás.
E lá estão as oliveiras, acenando, cintilantes. Então percebe
[que, caso não saia dali o quanto antes,
você morrerá, como se aquela beleza amordaçasse, a ponto
[de não conseguir respirar —

E digo a ela que sei que estamos presos aqui. Mas é melhor
ser refém de homens decentes, que até reformam o refeitório,
do que do sol e das colinas. Aqui, quando faço reclamações,
minha voz é ouvida — a voz de alguém é ouvida. Há
[conflito, há raiva.
Porém, são seres humanos conversando, assim como minha
[mulher e eu.
Até quando discordam, quando uma das partes está só de
[fingimento.

Naquela outra vida, o desespero vira silêncio.
O sol desaparece atrás das colinas a oeste —
quando retorna, não faz menção a todo o nosso sofrimento.
Então a voz evapora. Você desiste não só do sol,
mas dos seres humanos. As pequenas coisas que o faziam feliz
agora passam despercebidas.

Eu sei que aqui as coisas não são fáceis. E os donos — sei
[que às vezes mentem.
Mas há verdades que arruínam uma vida; da mesma forma,
[certas mentiras
são generosas, calorosas e reconfortantes como o sol na
[parede de tijolos.

So when you think of the wall, you don't think prison.
More the opposite—you think of everything you escaped, being here.

And then my wife gives up for the night, she turns her back.
Some nights she cries a little.
Her only weapon was the truth—it is true, the hills are beautiful.
And the olive trees really are like silver.

But a person who accepts a lie, who accepts support from it
because it's warm, it's pleasant for a little while—
that person she'll never understand, no matter how much she loves
[him.

Assim, ao pensar na parede, não vem à mente a palavra *prisão*.
Ao contrário — pensa em tudo de que escapou, estando aqui.

Então, por uma noite, minha mulher desiste do assunto e
                                                    [me dá as costas.
Às vezes, começa a chorar.
Sua única arma era a verdade — de fato, as colinas são
                                                         [lindas.
E as oliveiras parecem mesmo feitas de prata.

Mas alguém que aceita uma mentira, que aceita sustentá-la
por ser calorosa, agradável por um tempo —
essa pessoa nunca terá sua compreensão, por mais que ela o ame.

Sunrise

This time of year, the window boxes smell of the hills,
the thyme and rosemary that grew there,
crammed into the narrow spaces between the rocks
and, lower down, where there was real dirt,
competing with other things, blueberries and currants,
the small shrubby trees the bees love—
Whatever we ate smelled of the hills,
even when there was almost nothing.
Or maybe that's what nothing tastes like, thyme and rosemary.

Maybe, too, that's what it looks like—
beautiful, like the hills, the rocks above the tree line
webbed with sweet-smelling herbs,
the small plants glittering with dew—

It was a big event to climb up there and wait for dawn,
seeing what the sun sees as it slides out from behind the rocks,
and what you couldn't see, you imagined;

your eyes would go as far as they could, to the river, say,
and your mind would do the rest—

Amanhecer

Nesta época do ano, as floreiras exalam das colinas,
lá germinavam o tomilho e o alecrim,
atulhados por entre as brechas das pedras
e, logo abaixo, onde havia terra de verdade,
competindo com outras plantas, o mirtilo e a groselha,
os arbustos que as abelhas adoram —
Tudo o que comíamos tinha o aroma das colinas,
mesmo quando era quase nada.
Ou talvez seja esse o gosto de nada, de tomilho e alecrim.

Talvez, ainda, vivam só de aparências —
encantadores como as colinas, as rochas altaneiras entre
                                              [aleias
tramadas por ervas de cheiro adocicado,
arbustos reluzindo sob o orvalho —

Era um acontecimento subir as colinas e aguardar a aurora,
testemunhar as visões que o sol tem ao escorregar das
                                              [rochas,
e o que não dava para ver era imaginado;

os olhos se distanciavam, digamos que em direção ao rio,
e a mente se encarregava do resto —

And if you missed a day, there was always the next,
and if you missed a year, it didn't matter,
the hills weren't going anywhere,
the thyme and rosemary kept coming back,
the sun kept rising, the bushes kept bearing fruit—

The streetlight's off: that's dawn here.
It's on: that's twilight.
Either way, no one looks up. Everyone just pushes ahead,
and the smell of the past is everywhere,
the thyme and rosemary rubbing against your clothes,
the smell of too many illusions—

I went back but I didn't stay.
Everyone I cared about was gone,
some dead, some disappeared into one of those places that don't
                                                                              [*exist,*
the ones we dreamed about because we saw them from the top of the
                                                                                      [*hills—*
I had to see if the fields were still shining,
the sun telling the same lies about how beautiful the world is
when all you need to know of a place is, do people live there.
If they do, you know everything.

Between them, the hills and sky took up all the room.
Whatever was left, that was ours for a while.
But sooner or later the hills will take it back, give it to the animals.
And maybe the moon will send the seas there

Se um dia fosse perdido, sempre haveria o seguinte,
e, caso se perdesse um ano, tampouco importava,
as colinas não iam a lugar algum,
o tomilho e o alecrim em constante retorno,
o sol continuava nascendo, os arbustos dando frutos —

Poste de luz apagado: é o amanhecer.
Está aceso: é o crepúsculo.
De todo modo, ninguém olha pra cima. Avançam,
e o cheiro do passado está por toda parte,
o tomilho e o alecrim roçam as roupas,
o cheiro de tantas ilusões —

Eu voltei, mas não fiquei.
Todos que eu amava se foram,
uns morreram, outros se perderam em lugares que não
[existem,
desses com os quais sonhávamos quando os avistávamos do
[topo das colinas —
Eu precisava ver se perdurava o esplendor dos campos,
o sol repetindo suas mentiras sobre a beleza do mundo,
quando o que basta de um lugar é: há habitantes?
Se houver, não é preciso saber mais nada.

Entre eles, as colinas e o céu preenchiam a sala.
Aquilo que restou foi brevemente nosso.
Mas cedo ou tarde será reavido pelas colinas e entregue aos
[animais.
E talvez a lua envie os mares para lá

and where we once lived will be a stream or river coiling around
                              [the base of the hills,
paying the sky the compliment of reflection—

Blue in summer. White when the snow falls.

e o lugar onde morávamos será o córrego ou o rio a
                [espiralar-se no sopé das colinas,
oferecendo ao céu o elogio da reflexão —

No verão, azul. E branco com a neve.

A Warm Day

Today the sun was shining
so my neighbor washed her nightdresses in the river—
she comes home with everything folded in a basket,
beaming, as though her life had just been
lengthened a decade. Cleanliness makes her happy—
it says you can begin again,
the old mistakes needn't hold you back.

A good neighbor—we leave each other
to our privacies. Just now,
she's singing to herself, pinning the damp wash to the line.

Little by little, days like this
will seem normal. But winter was hard:
the nights coming early, the dawns dark
with a gray, persistent rain—months of that,
and then the snow, like silence coming from the sky,
obliterating the trees and gardens.

Today, all that's past us.
The birds are back, chattering over seeds.
All the snow's melted; the fruit trees are covered with downy new
                                                                           [growth.
A few couples even walk in the meadow, promising whatever they
                                                                           [promise.

Um dia quente

Hoje fez um sol resplandecente,
minha vizinha lavou as camisolas no rio —
volta para casa com as peças dobradas num cesto,
radiante, como se tivesse prolongado sua vida
por uma década. A limpeza a deixa feliz —
revela que é possível recomeçar,
os velhos erros não precisam detê-la.

Uma vizinha boa — respeitamos nossas
privacidades. Agora mesmo
está cantando sozinha, pendurando a roupa úmida no varal.

Pouco a pouco, dias como este
vão parecer normais. Mas o inverno foi difícil:
noites precipitadas, auroras sombrias
de chuva teimosa e nevoenta — meses a fio,
e então a neve, como silêncio caindo do céu,
devastando árvores e jardins.

Hoje, tudo isso ficou para trás.
Os pássaros voltaram, trinam para as sementes.
A neve derreteu; as árvores frutíferas estão cobertas de
                            [folhagem macia.
Casais passeiam na campina fazendo as promessas de
                            [sempre.

We stand in the sun and the sun heals us.
It doesn't rush away. It hangs above us, unmoving,
like an actor pleased with his welcome.

My neighbor's quiet a moment,
staring at the mountain, listening to the birds.

So many garments, where did they come from?
And my neighbor's still out there,
fixing them to the line, as though the basket would never be
[empty—

It's still full, nothing is finished,
though the sun's beginning to move lower in the sky;
remember, it isn't summer yet, only the beginning of spring;
warmth hasn't taken hold yet, and the cold's returning—

She feels it, as though the last bit of linen had frozen in her hands.
She looks at her hands—how old they are. It's not the beginning,
[it's the end.
And the adults, they're all dead now.
Only the children are left, alone, growing old.

Tomamos sol e o sol é curativo.
Ele não se furta. Paira sobre nós, imóvel,
feito um ator satisfeito com os aplausos.

Minha vizinha então se cala,
contempla a montanha, ouve os pássaros.

É tanta roupa, de onde saiu tudo isso?
E minha vizinha ainda está lá fora,
pendurando as peças no varal, como se o cesto nunca
                                      [esvaziasse —

Ainda está lotado, nada se conclui,
embora o sol comece a baixar no céu;
lembre-se, ainda não é verão, só o começo da primavera;
o calor ainda não se instaurou, e o frio já regressa —

Ela pressente, como se a roupa congelasse nas suas mãos.
Ela olha para as mãos — mãos tão velhas. Não é o começo, é
                                              [o fim.
Quanto aos adultos, já estão todos mortos.
Restaram as crianças, sozinhas, envelhecendo.

Burning Leaves

The dead leaves catch fire quickly.
And they burn quickly; in no time at all,
they change from something to nothing.

Midday. The sky is cold, blue;
under the fire, there's gray earth.

How fast it all goes, how fast the smoke clears.
And where the pile of leaves was,
an emptiness that suddenly seems vast.

Across the road, a boy's watching.
He stays a long time, watching the leaves burn.
Maybe this is how you'll know when the earth is dead—
it will ignite.

Folhas na fogueira

As folhas secas logo pegam fogo.
E logo se inflamam; num instante,
de algo passam a nada.

Meio-dia. Céu refrigerado, azul;
sob o fogo, terra cinzenta.

Veloz o fim, veloz a fumaça se dissipa.
E onde havia o amontoado de folhas,
um vazio que de súbito parece vastidão.

Da estrada, um menino observa.
Lá permanece, assistindo à queima das folhas.
Talvez assim saiba quando a terra se extinguir —
ela se incendiará.

Crossroads

My body, now that we will not be traveling together much longer
I begin to feel a new tenderness toward you, very raw and
                                        [unfamiliar,
like what I remember of love when I was young—

love that was so often foolish in its objectives
but never in its choices, its intensities.
Too much demanded in advance, too much that could not be
                                        [promised—

My soul has been so fearful, so violent:
forgive its brutality.
As though it were that soul, my hand moves over you cautiously,

not wishing to give offense
but eager, finally, to achieve expression as substance:

it is not the earth I will miss,
it is you I will miss.

Encruzilhada

Corpo meu, agora que nossa viagem não será de longa
                              [duração,
sinto que minha ternura por você se renova, crua e
                    [desconhecida,
semelhante ao que me lembro do amor quando era jovem —

amor tantas vezes tolo em seus objetivos,
mas nunca em suas escolhas, suas intensidades.
De antemão, exigente, muita coisa que não poderia ser
                                    [prometida —

Minha alma tem estado tão temerosa, tão violenta:
perdoe sua brutalidade.
Como se fosse aquela alma, minha mão dá passagem a você,
                                    [com prudência,

sem querer ofender
mas ávida, enfim, para expressar-se como matéria:

da terra não sentirei saudade,
sentirei saudade de você.

Bats

—for Ellen Pinsky

Concerning death, one might observe
that those with authority to speak remain silent:
others force their way to the pulpit or
center stage—experience
being always preferable to theory, they are rarely
true clairvoyants, nor is conviction
the common aspect of insight. Look up into the night:
if distraction through the senses is the essence of life
what you see now appears to be a simulation of death, bats
whirling in darkness— But man knows
nothing of death. If how we behave is how you feel,
this is not what death is like, this is what life is like.
You too are blind. You too flail in darkness.
A terrible solitude surrounds all beings who
confront mortality. As Margulies says: death
terrifies us all into silence.

Morcegos

para Ellen Pinsky

No que diz respeito à morte, constata-se:
os que têm autoridade para falar ficam em silêncio;
outros forçam passagem até o púlpito ou
o centro do palco — preferem sempre
a experiência à teoria, é raro serem
clarividentes verazes, tampouco a convicção
é o aspecto comum do entendimento. Observe a noite:
se a distração dos sentidos é a essência da vida,
o que se vê agora parece a simulação da morte, morcegos
rodopiando na escuridão — mas o homem nada sabe
da morte. Se o que ele sente deriva do nosso comportamento,
não é nisso que consiste a morte, isso é a vida.
Vocês também são cegos. Também se debatem na escuridão.
Uma solidão assustadora envolve todos os seres
que confrontam a mortalidade. Já dizia Margulies: a morte
aterroriza a todos nós em silêncio.

Abundance

A cool wind blows on summer evenings, stirring the
                                    [wheat.
The wheat bends, the leaves of the peach trees
rustle in the night ahead.

In the dark, a boy's crossing the field:
for the first time, he's touched a girl
so he walks home a man, with a man's hungers.

Slowly the fruit ripens—
baskets and baskets from a single tree
so some rots every year
and for a few weeks there's too much:
before and after, nothing.

Between the rows of wheat
you can see the mice, flashing and scurrying
across the earth, though the wheat towers above them,
churning as the summer wind blows.

The moon is full. A strange sound
comes from the field—maybe the wind.

Abundância

Um vento frio sopra nas noites de verão, revolve o
[trigo.
O trigo se verga, as folhas dos pessegueiros
farfalham noite adentro.

Um garoto atravessa a campina no escuro:
tocou o corpo de uma garota pela primeira vez,
e feito homem volta para casa, tem ânsias de homem.

As frutas amadurecem devagar —
cestas e cestas de uma só árvore,
todo ano algumas apodrecem
e, durante algumas semanas, o excesso:
antes e depois, nada.

Por entre as aleias de trigo
avistam-se os ratos cintilando, apressados
pela terra, e sobre eles o torreame de trigo
a chacoalhar na brisa do verão.

É lua cheia. Um ruído estranho
vem dos campos — talvez o vento.

But for the mice it's a night like any summer night.
Fruit and grain: a time of abundance.
Nobody dies, nobody goes hungry.

No sound except the roar of the wheat.

Para os ratos, é uma noite comum de verão.
Frutas e grãos: é a época da abundância.
Ninguém morre, ninguém passa fome.

Som nenhum, exceto o rugido do trigo.

Midsummer

On nights like this we used to swim in the quarry,
the boys making up games requiring them to tear off the girls'
                                        [clothes
and the girls cooperating, because they had new bodies since last
                                        [summer
and they wanted to exhibit them, the brave ones
leaping off the high rocks—bodies crowding the water.

The nights were humid, still. The stone was cool and wet,
marble for graveyards, for buildings that we never saw,
buildings in cities far away.

On cloudy nights, you were blind. Those nights the rocks were
                                        [dangerous,
but in another way it was all dangerous, that was what we were
                                        [after.
The summer started. Then the boys and girls began to pair off
but always there were a few left at the end—sometimes they'd keep
                                        [watch,
sometimes they'd pretend to go off with each other like the rest,
but what could they do there, in the woods? No one wanted to be
                                        [them.
But they'd show up anyway, as though some night their luck would
                                        [change,
fate would be a different fate.

Solstício de verão

Em noites como esta, nadávamos na pedreira,
os rapazes inventavam jogos para tirar as roupas das moças
e elas consentiam, haviam encorpado no verão anterior
e queriam exibir seus corpos, as valentes
saltavam das pedras — corpos amontoando a água.

Noites úmidas, silenciosas. O rochedo frio, encharcado,
mármore para cemitérios, para edifícios que nunca víamos,
edifícios em cidades distantes.

Em noites anuviadas, a cegueira. As pedras se tornavam
                              [perigosas;
por outro lado, tudo era perigoso, era o que desejávamos.
Então chegava o verão. Rapazes e moças começavam a
                              [formar pares,
mas no fim sobravam os avulsos — às vezes ficavam à
                              [espreita,
às vezes fingiam escapar em duplas para imitar os casais,
mas o que será que faziam lá, no bosque? Ninguém queria
                              [estar na pele deles.
Sempre estavam por ali, como se noite dessas sua sorte
                              [pudesse mudar,
e do destino pudesse variar outro destino.

At the beginning and at the end, though, we were all together.
After the evening chores, after the smaller children were in bed,
then we were free. Nobody said anything, but we knew the nights
*   [we'd meet*
and the nights we wouldn't. Once or twice, at the end of summer,
we could see a baby was going to come out of all that kissing.

And for those two, it was terrible, as terrible as being alone.
The game was over. We'd sit on the rocks smoking cigarettes,
worrying about the ones who weren't there.

And then finally walk home through the fields,
because there was always work the next day.
And the next day, we were kids again, sitting on the front steps in
*   [the morning,*
eating a peach. Just that, but it seemed an honor to have a mouth.
And then going to work, which meant helping out in the fields.
One boy worked for an old lady, building shelves.
The house was very old, maybe built when the mountain was built.

And then the day faded. We were dreaming, waiting for night.
Standing at the front door at twilight, watching the shadows
*   [lengthen.*
And a voice in the kitchen was always complaining about the heat,
wanting the heat to break.

No entanto, do começo ao fim, éramos um só grupo.
Depois dos afazeres noturnos, irmãos menores dormindo,
a liberdade. Nada era combinado, haveria noites de encontro
e noites de desencontro. Vez ou outra, já no fim do verão,
podíamos avistar um bebê surgindo em meio a tanto beijo.

Para o casal em questão, era tão tenebroso quanto estar
[sozinho.
Acabou a brincadeira. Sentados nas pedras, fumávamos
[cigarros
lamentando os que não estavam presentes.

Em seguida, atravessar os campos de volta,
porque sempre haveria as tarefas do dia seguinte.
E pela manhã éramos crianças de novo, sentados nos
[degraus da soleira,
comendo pêssego. Nada demais, mas parecia uma honra ter
[boca.
E depois ir para o trabalho, que significava ajudar na
[lavoura.
Um dos rapazes trabalhava para uma idosa, fazia prateleiras.
A casa era muito velha, talvez da época da construção da
[montanha.

Então o dia esvanecia. Sonhávamos, à espera da noite.
No crepúsculo, de pé na soleira, observávamos as sombras se
[espicharem.
Da cozinha, uma voz sempre reclamava do calor,
pedindo trégua do calor.

Then the heat broke, the night was clear.
And you thought of the boy or girl you'd be meeting later.
And you thought of walking into the woods and lying down,
practicing all those things you were learning in the water.
And though sometimes you couldn't see the person you were with,
there was no substitute for that person.

The summer night glowed; in the field, fireflies were glinting.
And for those who understood such things, the stars were sending
                              [*messages:*
You will leave the village where you were born
and in another country you'll become very rich, very powerful,
but always you will mourn something you left behind, even though
                              [*you can't say what it was,*
and eventually you will return to seek it.

Enfim o calor dava trégua, noite límpida.
Pensava-se então no rapaz ou na moça que encontraria depois.
Pensava-se em se embrenhar na floresta para deitar no chão
e praticar todas aquelas coisas que se aprendiam dentro d'água.
E mesmo sem conseguir enxergar sua companhia,
essa pessoa não podia ser substituída.

Noite radiante de verão; no campo, vaga-lumes reluziam.
E para quem entendia do assunto, as estrelas mandavam
                                        [recados:
Você vai deixar a cidadezinha onde nasceu
e vai enriquecer em outro lugar, vai conhecer o poder,
mas para sempre lamentará algo que ficou para trás, mesmo
                                        [que não saiba o quê,
e por fim voltará para buscá-lo.

Threshing

*The sky's light behind the mountain
though the sun is gone—this light
is like the sun's shadow, passing over the earth.*

*Before, when the sun was high,
you couldn't look at the sky or you'd go blind.
That time of day, the men don't work.
They lie in the shade, waiting, resting;
their undershirts are stained with sweat.*

*But under the trees it's cool,
like the flask of water that gets passed around.
A green awning's over their heads, blocking the sun.
No talk, just the leaves rustling in the heat,
the sound of the water moving from hand to hand.*

*This hour or two is the best time of day.
Not asleep, not awake, not drunk,
and the women far away
so that the day becomes suddenly calm, quiet and expansive,
without the women's turbulence.*

*The men lie under their canopy, apart from the heat,
as though the work were done.
Beyond the fields, the river's soundless, motionless—
scum mottles the surface.*

Debulha

Luz do céu por detrás da montanha
embora não haja mais sol — essa luz
parece a sombra do sol sobrevoando a terra.

Antes, sol a pino,
se olhasse para cima, poderia fica cega.
Nessa hora do dia, os homens não trabalham.
Deitam-se na sombra, esperam, descansam;
as camisetas manchadas de suor.

Mas é fresco sob as árvores,
é fresca a garrafa d'água que circula entre eles.
Um toldo verde os protege do sol.
Não conversam, só as folhas farfalham com o calor,
o som da água passada de mão em mão.

Essa hora é o grande momento do dia.
Não estão dormindo, nem acordados, nem bêbados;
e por estarem longe das suas mulheres,
o dia logo se torna calmo, quieto e divertido
sem a turbulência feminina.

Homens deitados sob a cobertura, longe do calor,
como se o trabalho já estivesse concluído.
Ao longe, depois das colinas, o rio silencioso, inerte —
a espuma mosqueia a superfície.

To a man, they know when the hour's gone.
The flask gets put away, the bread, if there's bread.
The leaves darken a little, the shadows change.
The sun's moving again, taking the men along,
regardless of their preferences.

Above the fields, the heat's fierce still, even in decline.
The machines stand where they were left,
patient, waiting for the men's return.

The sky's bright, but twilight is coming.
The wheat has to be threshed; many hours remain
before the work is finished.
And afterward, walking home through the fields,
dealing with the evening.

So much time best forgotten.
Tense, unable to sleep, the woman's soft body
always shifting closer—
That time in the woods: that was reality.
This is the dream.

Os homens sabem reconhecer o tempo que passa.
Guardam a garrafa d'água, e o pão, quando há pão.
As folhas se ofuscam, as sombras mudam de lugar.
De novo é o sol que se move, arrastando os homens
sem considerar suas prioridades.

Nos campos, o calor ainda é feroz, mas já abranda.
As máquinas estão onde foram deixadas,
pacientes, esperando o retorno dos homens.

Céu luminoso, mas o crepúsculo se aproxima.
O trigo deve ser debulhado; restam longas horas
até a conclusão do trabalho.
Depois, cruzar os campos a caminho de casa,
negociando com a noite.

Melhor esquecer o tempo que passou.
Tenso, insone, o corpo macio da mulher
avizinhando-se na cama —
Aquela vez no bosque era a realidade.
Isto é sonho.

A Village Life

The death and uncertainty that await me
as they await all men, the shadows evaluating me
because it can take time to destroy a human being,
the element of suspense
needs to be preserved—

On Sundays I walk my neighbor's dog
so she can go to church to pray for her sick mother.

The dog waits for me in the doorway. Summer and winter
we walk the same road, early morning, at the base of the
                                        [escarpment.
Sometimes the dog gets away from me—for a moment or two,
I can't see him behind some trees. He's very proud of this,
this trick he brings out occasionally, and gives up again
as a favor to me—

Afterward, I go back to my house to gather firewood.

I keep in my mind images from each walk:
monarda growing by the roadside;
in early spring, the dog chasing the little gray mice,

Uma vida no interior

A morte e a incerteza, que estão à minha espera,
aguardam todas as pessoas; as sombras me avaliam,
pode ser demorada a ruína de um ser humano,
o elemento de suspense
precisa ser preservado —

Aos domingos passeio com o cachorro da vizinha
para que ela vá à igreja rezar por sua mãe doente.

O cachorro me espera na porta. Verão ou inverno,
logo cedo, caminhamos pela mesma estrada no sopé da
                                              [escarpa.
Às vezes ele se afasta de mim — e por alguns instantes
não consigo avistá-lo entre as árvores. Ele se orgulha disso,
vira e mexe faz esse truque, mas ao fim sempre desiste
para ser gentil comigo —

Depois volto pra casa para catar lenha.

Guardo na memória imagens de cada caminhada:
a monarda florescendo à beira da estrada;
o cachorro atrás dos ratos no começo da primavera,

*so for a while it seems possible
not to think of the hold of the body weakening, the ratio
of the body to the void shifting,*

and the prayers becoming prayers for the dead.

*Midday, the church bells finished. Light in excess:
still, fog blankets the meadow, so you can't see
the mountain in the distance, covered with snow and ice.*

*When it appears again, my neighbor thinks
her prayers are answered. So much light she can't control her
 [happiness—
it has to burst out in language.* Hello, *she yells, as though
that is her best translation.*

*She believes in the Virgin the way I believe in the mountain,
though in one case the fog never lifts.
But each person stores his hope in a different place.*

*I make my soup, I pour my glass of wine.
I'm tense, like a child approaching adolescence.
Soon it will be decided for certain what you are,
one thing, a boy or girl. Not both any longer.
And the child thinks: I want to have a say in what happens.
But the child has no say whatsoever.*

When I was a child, I did not foresee this.

assim, durante um tempo, parece possível
não pensar nos entraves do corpo que envelhece, na
                              [proporção
de movimento do corpo em relação ao vazio,

e nas orações que vão se tornando orações pelos mortos.

Meio-dia, calam-se os sinos da igreja. Excesso de luz:
a névoa ainda cobre a campina, e assim não se avista
a montanha ao longe, coberta de neve e gelo.

Quando ressurge, minha vizinha acha que ouviram
suas preces. Sob o clarão, não consegue controlar sua
                              [felicidade —
que extrapola em linguagem. *Olá*, grita, como se fosse
a tradução mais adequada.

Ela crê na Virgem Maria, eu creio na montanha,
embora num dos casos a névoa nunca se dissipe.
Mas cada pessoa conserva sua esperança num lugar
                              [diferente.

Faço uma sopa, e me sirvo de uma taça de vinho.
Estou apreensiva, feito criança virando adolescente.
Em breve será decidido e atestado o que você é,
uma coisa só, menina ou menino. Os dois, não mais.
E a criança pensa: quero opinar sobre todas as coisas.
Mas a criança não tem nada a dizer.

Quando eu era criança, não fiz essa previsão.

Later, the sun sets, the shadows gather,
rustling the low bushes like animals just awake for the night.
Inside, there's only firelight. It fades slowly;
now only the heaviest wood's still
flickering across the shelves of instruments.
I hear music coming from them sometimes,
even locked in their cases.

When I was a bird, I believed I would be a man.
That's the flute. And the horn answers,
when I was a man, I cried out to be a bird.
Then the music vanishes. And the secret it confides in me
vanishes also.

In the window, the moon is hanging over the earth,
meaningless but full of messages.

It's dead, it's always been dead,
but it pretends to be something else,
burning like a star, and convincingly, so that you feel sometimes
it could actually make something grow on earth.

If there's an image of the soul, I think that's what it is.

I move through the dark as though it were natural to me,
as though I were already a factor in it.
Tranquil and still, the day dawns.
On market day, I go to the market with my lettuces.

Em seguida o sol se põe, as sombras se adensam,
farfalham nos arbustos feito animais em vigília noturna.
E, a percorrê-los, a luz do fogo. Logo esmaece;
de modo que só a madeira espessa tremeluz
por entre as prateleiras de instrumentos.
Às vezes, ouço a música que emana deles,
mesmo trancados nas suas caixas.

Quando eu era pássaro, desejava ser gente.
É o que diz a flauta. Ao que a trompa responde,
quando eu era gente, berrava para ser pássaro.
Então a música escoa. E o segredo que confia a mim
também escoa.

Na janela, a lua paira sobre a terra,
sem sentido, mas cheia de recados.

Está morta, sempre esteve morta,
mas faz de conta que é outra coisa,
abrasada feito estrela e, de tão convincente, às vezes
                                [achamos
que de fato possa cultivar algo sobre a terra.

Se há uma imagem da alma, acho que é essa.

Eu ando no escuro como se me fosse natural,
como se já fosse um elemento da escuridão.
Tranquilo e parado, o dia amanhece.
Dia de feira, levo minhas alfaces ao mercado.

NOITE FIEL E VIRTUOSA
FAITHFUL AND VIRTUOUS NIGHT

Tradução Marília Garcia

Parable

First divesting ourselves of worldly goods, as St. Francis teaches,
in order that our souls not be distracted
by gain and loss, and in order also
that our bodies be free to move
easily at the mountain passes, we had then to discuss
whither or where we might travel, with the second question being
should we have a purpose, against which
many of us argued fiercely that such purpose
corresponded to worldly goods, meaning a limitation or constriction,
whereas others said it was by this word we were consecrated
pilgrims rather than wanderers: in our minds, the word translated as
a dream, a something-sought, so that by concentrating we might see it
glimmering among the stones, and not
pass blindly by; each
further issue we debated equally fully, the arguments going back and
[forth,
so that we grew, some said, less flexible and more resigned,
like soldiers in a useless war. And snow fell upon us, and wind blew,

Parábola

Primeiro renunciar aos bens materiais, como ensina são
                                  [Francisco,
para a alma não se distrair com
ganhos e perdas, e também para
o corpo poder seguir livre
por entre as montanhas, depois, era hora de discutir
o rumo ou a rota da viagem, sendo a pergunta seguinte se
deveríamos ter um objetivo, ao que
muitos de nós responderam, convictos, que ter um objetivo
seria o mesmo que ter bens materiais, representando uma
                                  [limitação ou restrição,
mas, para outros, graças a essa palavra agora éramos
                                  [peregrinos
consagrados e não forasteiros: em nosso espírito, a palavra
                                  [traduzia
um sonho, a coisa almejada, assim, prestando bastante
                                  [atenção daria para ver
a coisa cintilando entre as pedras em vez de
passar por ela às cegas; outras
questões foram debatidas tim-tim por tim-tim em discussões
                                  [acaloradas,
e alguns achavam que tínhamos ficado menos flexíveis e
                                  [mais resignados,
como soldados de uma guerra inútil. E a neve caiu sobre
                                  [nós, e o vento soprou,

which in time abated—where the snow had been, many flowers
                                              [appeared,
and where the stars had shone, the sun rose over the tree line
so that we had shadows again; many times this happened.
Also rain, also flooding sometimes, also avalanches, in which
some of us were lost, and periodically we would seem
to have achieved an agreement, our canteens
hoisted upon our shoulders; but always that moment passed, so
(after many years) we were still at that first stage, still
preparing to begin a journey, but we were changed nevertheless;
we could see this in one another; we had changed although
we never moved, and one said, ah, behold how we have aged,
                                              [traveling
from day to night only, neither forward nor sideward, and this
                                              [seemed
in a strange way miraculous. And those who believed we should
                                              [have a purpose
believed this was the purpose, and those who felt we must remain
                                              [free
in order to encounter truth felt it had been revealed.

mas com o tempo amainou — e onde havia neve, surgiram
                          [muitas flores,
onde brilhavam as estrelas, o sol raiou por cima das árvores
de modo que voltamos a ter sombras; isso se deu muitas vezes.
E também veio a chuva, e também o dilúvio, e também
                          [avalanches que
desnorteavam um ou outro, e de vez em quando parecia
que se selava um acordo, cada um com seu cantil
apoiado no ombro; mas isso durava pouco e assim
(depois de muitos anos) continuávamos no primeiro estágio, ainda
nos preparativos para a viagem, mas já tínhamos nos
                          [transformado;
dava para ver bem; nós nos transformávamos mesmo que
parados, e alguém disse, vejam só, envelhecemos viajando
do dia para a noite, nem para a frente, nem para o lado, e
                          [isso parecia
um estranho milagre. E os que achavam que era preciso ter
                          [um objetivo
acharam que era esse o objetivo, e os que sentiam que era
                          [preciso ser livre
para encontrar a verdade sentiram que agora ela tinha sido
                          [revelada.

An Adventure

1.
It came to me one night as I was falling asleep
that I had finished with those amorous adventures
to which I had long been a slave. Finished with love?
my heart murmured. To which I responded that many profound
                                      [discoveries
awaited us, hoping, at the same time, I would not be asked
to name them. For I could not name them. But the belief that They
                                              [existed—
surely this counted for something?

2.
The next night brought the same thought,
this time concerning poetry, and in the nights that followed
various other passions and sensations were, in the same way,
set aside forever, and each night my heart
protested its future, like a small child being deprived of a favorite
                                                          [toy.
But these farewells, I said, are the way of things.
And once more I alluded to the vast territory
opening to us with each valediction. And with that phrase I became

Uma aventura

1.
Uma noite me ocorreu, já quase dormindo,
que eu tinha encerrado as aventuras amorosas
que por tanto tempo me mantiveram aprisionada. É o fim
                                         [do amor?
meu coração murmurou. Disse a ele que ainda havia muitas
                                         [descobertas
a fazer, torcendo, ao mesmo tempo, para não ter de nomear
quais seriam. Não saberia nomeá-las. Mas acreditar que elas
                                         [existiam —
já não era alguma coisa?

2.
Na noite seguinte, a mesma reflexão,
mas dessa vez era a poesia que estava em jogo, e nas noites
                                         [que vieram
muitas outras paixões e sensações também foram sendo
deixadas de lado para sempre, e a cada noite meu coração
se queixava, e o meu futuro?, como uma criança sem seu
                                         [brinquedo preferido.
Mas é que as despedidas, expliquei a ele, são o caminho
                                         [natural das coisas.
E outra vez me referi ao vasto campo inexplorado
que se abria a cada adeus. Ao dizer essa frase me transformei

a glorious knight riding into the setting sun, and my heart
became the steed underneath me.

3.
I was, you will understand, entering the kingdom of death,
though why this landscape was so conventional
I could not say. Here, too, the days were very long
while the years were very short. The sun sank over the far
                                                            [mountain.
The stars shone, the moon waxed and waned. Soon
faces from the past appeared to me:
my mother and father, my infant sister; they had not, it seemed,
finished what they had to say, though now
I could hear them because my heart was still.

4.
At this point, I attained the precipice
but the trail did not, I saw, descend on the other side;
rather, having flattened out, it continued at this altitude
as far as the eye could see, though gradually
the mountain that supported it completely dissolved
so that I found myself riding steadily through the air—
All around, the dead were cheering me on, the joy of finding them
obliterated by the task of responding to them—

num glorioso cavaleiro a galope rumo ao pôr do sol, e meu
                                              [coração
se transformou no corcel sobre o qual eu cavalgava.

3.
Você vai perceber que eu adentrava o reino da morte,
mas por que aquela paisagem era tão convencional,
eu não saberia dizer. Aqui também os dias eram muito
                                              [longos,
os anos, muito curtos. O sol se punha por detrás da
                              [montanha ao longe.
As estrelas brilhavam, a lua crescia e minguava. Não
                              [demorou
para que rostos do passado surgissem à minha frente:
minha mãe, meu pai, minha irmã criança; parece que não
                                              [tinham
terminado de dizer o que precisavam, porém agora
eu podia ouvir tudo, pois meu coração estava tranquilo.

4.
A essa altura, cheguei a um precipício
mas o caminho por onde eu ia não caía do outro lado;
em vez disso, ele continuava na mesma altitude
até onde a vista alcança, embora a montanha em que estava
fosse aos poucos se desfazendo e sumindo,
então me vi cavalgando firme em pleno ar —
Ao redor, os mortos me saudavam, minha alegria pelo
                                        [reencontro
era anulada pela obrigação de responder a todos eles —

5.
As we had all been flesh together,
now we were mist.
As we had been before objects with shadows,
now we were substance without form, like evaporated chemicals.
Neigh, neigh, said my heart,
or perhaps nay, nay—it was hard to know.

6.
Here the vision ended. I was in my bed, the morning sun
contentedly rising, the feather comforter
mounded in white drifts over my lower body.
You had been with me—
there was a dent in the second pillowcase.
We had escaped from death—
or was this the view from the precipice?

5.
Assim como um dia já fomos carne,
agora éramos névoa.
Assim como um dia já fomos objetos com sombras,
agora éramos matéria sem forma, como produtos químicos
                                        [em estado gasoso.
Na-na-na-na, relinchou meu coração,
ou talvez tenha dito só não, não — difícil saber.

6.
A visão termina aqui. Eu na minha cama, o sol da manhã
nascendo pleno, o edredom de plumas branco
acumulado sobre meu corpo da cintura para baixo.
Você esteve lá comigo —
o travesseiro ao lado estava amassado.
Nós escapamos da morte —
ou será que isso aqui era a vista de cima do precipício?

The Past

Small light in the sky appearing
suddenly between
two pine boughs, their fine needles

now etched onto the radiant surface
and above this
high, feathery heaven—

Smell the air. That is the smell of the white pine,
most intense when the wind blows through it
and the sound it makes equally strange,
like the sound of the wind in a movie—

Shadows moving. The ropes
making the sound they make. What you hear now
will be the sound of the nightingale, chordata,
the male bird courting the female—

The ropes shift. The hammock
sways in the wind, tied
firmly between two pine trees.

Smell the air. That is the smell of the white pine.

O passado

Súbito uma luz fraca surge
no céu entre dois
galhos de pinheiro com suas pontas fininhas

gravadas na superfície radiante
e em cima o
imenso céu de algodão —

Sinta o cheiro. Cheiro de pinheiro
ainda mais intenso quando o vento
o atravessa e produz um som estranho,
feito sopro de vento num filme —

As sombras se movem. As cordas
fazem som de cordas. Isso que você ouve agora
deve ser o som do rouxinol, *chordata*,
o pássaro macho corteja a fêmea —

As cordas se mexem. A rede
balança com o vento, amarrada
firme entre os dois pinheiros.

Sinta o cheiro. Cheiro de pinheiro.

*It is my mother's voice you hear
or is it only the sound the trees make
when the air passes through them*

*because what sound would it make,
passing through nothing?*

É a voz da minha mãe que você está ouvindo
ou será apenas o som que fazem as árvores
quando o ar atravessa —

afinal, qual som ele faria
atravessando o vazio?

Faithful and Virtuous Night

My story begins very simply: I could speak and I was happy.
Or: I could speak, thus I was happy.
Or: I was happy, thus speaking.
I was like a bright light passing through a dark room.

If it is so difficult to begin, imagine what it will be to end—
On my bed, sheets printed with colored sailboats
conveying, simultaneously, visions of adventure (in the form of
                                        [exploration)
and sensations of gentle rocking, as of a cradle.

Spring, and the curtains flutter.
Breezes enter the room, bringing the first insects.
A sound of buzzing like the sound of prayers.

Constituent
memories of a large memory.
Points of clarity in a mist, intermittently visible,
like a lighthouse whose one task
is to emit a signal.

But what really is the point of the lighthouse?
This is north, it says.
Not: I am your safe harbor.

Noite fiel e virtuosa

Minha história começa de forma bem simples: eu sabia falar
                                              [e era feliz.
Ou: eu sabia falar, logo era feliz.
Ou: eu era feliz, logo falava.
Eu era como uma luz forte atravessando um quarto escuro.

Se é tão difícil começar, imagine chegar ao fim —
Na minha cama, os barcos a vela estampados no lençol
traziam, ao mesmo tempo, cenas de aventura (mundos a
                                              [explorar)
e uma sensação de balanço, como num berço.

Primavera, e as cortinas esvoaçavam.
Uma brisa entrava no quarto, trazendo os primeiros insetos.
O zumbido como um rumor de reza.

Memórias
são parte de uma memória maior.
Pontos de luz em meio ao nevoeiro, visibilidade intermitente,
como um farol cuja única função
é emitir um sinal.

Mas para que serve mesmo o farol?
O norte para cá, ele diz.
Não: eu sou seu porto seguro.

*Much to his annoyance, I shared this room with my older brother.
To punish me for existing, he kept me awake, reading
adventure stories by the yellow nightlight.*

*The habits of long ago: my brother on his side of the bed,
subdued but voluntarily so,
his bright head bent over his hands, his face obscured—*

*At the time of which I'm speaking,
my brother was reading a book he called
the faithful and virtuous night.
Was this the night in which he read, in which I lay awake?
No—it was a night long ago, a lake of darkness in which
a stone appeared, and on the stone
a sword growing.*

*Impressions came and went in my head,
a faint buzz, like the insects.
When not observing my brother, I lay in the small bed we shared
staring at the ceiling—never
my favorite part of the room. It reminded me
of what I couldn't see, the sky obviously, but more painfully
my parents sitting on the white clouds in their white travel outfits.*

*And yet I too was traveling,
in this case imperceptibly*

Para incômodo do meu irmão mais velho, eu dividia este
                              [quarto com ele.
Como punição por eu existir, ele me mantinha acordado,
                                       [lendo
histórias de aventura à luz do abajur.

Hábitos muito antigos: meu irmão de um lado da cama,
melancólico, mas por opção,
a cabeça iluminada apoiada nas mãos, o rosto no escuro —

Naquela época,
meu irmão lia um livro que ele chamava de
noite fiel e virtuosa.
Seria por acaso a noite em que ele lia e eu ficava ali acordado?
Não — foi uma noite tempos atrás, um lago de trevas, ali onde
uma pedra surgiu, e na pedra
crescia uma espada.

Tantas impressões passavam pela minha cabeça,
um zumbido ligeiro, como dos insetos.
Quando não estava atento ao meu irmão, ficava deitado
olhando para o teto — que nunca
foi minha parte preferida do quarto. Ele me lembrava
as coisas que não vemos, o céu, obviamente, porém, mais
                                       [doloroso,
meus pais em cima das nuvens sentados com suas roupas
                              [brancas de viagem.

Eu também estava fazendo uma viagem,
nesse caso imperceptível

*from that night to the next morning,
and I too had a special outfit:
striped pyjamas.*

*Picture if you will a day in spring.
A harmless day: my birthday.
Downstairs, three gifts on the breakfast table.*

*In one box, pressed handkerchiefs with a monogram.
In the second box, colored pencils arranged
in three rows, like a school photograph.
In the last box, a book called* My First Reader.

*My aunt folded the printed wrapping paper;
the ribbons were rolled into neat balls.
My brother handed me a bar of chocolate
wrapped in silver paper.*

Then, suddenly, I was alone.

*Perhaps the occupation of a very young child
is to observe and listen:*

*In that sense, everyone was occupied—
I listened to the various sounds of the birds we fed,
the tribes of insects hatching, the small ones
creeping along the windowsill, and overhead
my aunt's sewing machine drilling
holes in a pile of dresses—*

daquela noite até a manhã seguinte,
e também usava uma roupa especial:
um pijama listrado.

Agora imagine um dia de primavera.
Um dia inofensivo: meu aniversário.
No andar de baixo, três presentes sobre a mesa do café.

Em uma caixa, lenços bem alinhados, com monogramas.
Na segunda caixa, lápis de cor dispostos
em três fileiras, como nas fotos de escola.
Na última caixa, um livro chamado *Minha primeira leitura*.

Minha tia dobrou o papel de embrulho estampado;
enrolou com cuidado as fitas em círculos.
Meu irmão me entregou uma barra de chocolate
embrulhada em papel laminado.

Então, de repente, fiquei sozinho.

A principal atividade de uma criança bem pequena
talvez seja observar e ouvir:

Nesse sentido, estavam todos ocupados —
eu ouvindo os sons dos pássaros que vinham comer,
os insetos de várias espécies nascendo, os menores
rastejando no parapeito da janela, e no andar de cima
a máquina de costura da minha tia que fazia
furinhos numa pilha de vestidos —

Restless, are you restless?
Are you waiting for day to end, for your brother to return to his
[book?]

For night to return, faithful, virtuous,
repairing, briefly, the schism between
you and your parents?

This did not, of course, happen immediately.
Meanwhile, there was my birthday;
somehow the luminous outset became
the interminable middle.

Mild for late April. Puffy
clouds overhead, floating among the apple trees.
I picked up My First Reader, *which appeared to be*
a story about two children—I could not read the words.

On page three, a dog appeared.
On page five, there was a ball—one of the children
threw it higher than seemed possible, whereupon
the dog floated into the sky to join the ball.
That seemed to be the story.

I turned the pages. When I was finished
I resumed turning, so the story took on a circular shape,
like the zodiac. It made me dizzy. The yellow ball

seemed promiscuous, equally
at home in the child's hand and the dog's mouth—

O que houve? Aconteceu alguma coisa?
Está esperando que o dia acabe para que seu irmão volte
                                                     [a ler?
Esperando que venha a noite, fiel, virtuosa,
para consertar, por um instante, a fenda entre
você e seus pais?

Nada disso aconteceu de imediato, claro.
Nesse meio-tempo, foi meu aniversário;
de certa forma, o começo luminoso virou
um processo interminável.

Clima agradável para abril. Nuvens
volumosas no alto boiavam entre as macieiras.
Abri o livro, *Minha primeira leitura*, que parecia ser
uma história sobre duas crianças — eu ainda não sabia ler.

Na página três, surgia um cachorro.
Na página cinco, uma bola — que as crianças jogavam
a uma altura impossível, até que
o cachorro saía flutuando para buscar a bola no céu.
Essa parecia ser a trama.

Fui passando as páginas. Ao terminar,
continuei folheando, de modo que a história ganhou um
                                           [formato circular,
como no zodíaco. Fiquei tonto. A bola amarela

passava por todo mundo, estava
tanto nas mãos da criança em casa quanto na boca do
                                                [cachorro —

Hands underneath me, lifting me.
They could have been anyone's hands,
a man's, a woman's.
Tears falling on my exposed skin. Whose tears?
Or were we out in the rain, waiting for the car to come?

The day had become unstable.
Fissures appeared in the broad blue, or,
more precisely, sudden black clouds
imposed themselves on the azure background.

Somewhere, in the far backward reaches of time,
my mother and father
were embarking on their last journey,
my mother fondly kissing the new baby, my father
throwing my brother into the air.

I sat by the window, alternating
my first lesson in reading with
watching time pass, my introduction to
philosophy and religion.

Perhaps I slept. When I woke
the sky had changed. A light rain was falling,
making everything very fresh and new—

I continued staring
at the dog's frantic reunions
with the yellow ball, an object
soon to be replaced
by another object, perhaps a soft toy—

Mãos me erguem por baixo.
Podiam ser de qualquer pessoa,
homem ou mulher.
Lágrimas caindo sobre a minha pele. De quem eram?
Ou estávamos na chuva, esperando um carro chegar?

O tempo foi mudando.
Fissuras surgiram no meio do imenso azul,
ou melhor, nuvens negras de repente
se impuseram sobre o fundo azul-celeste.

Em algum lugar, em tempos remotos e longínquos,
minha mãe e meu pai
embarcavam na sua última viagem,
minha mãe orgulhosa beijando seu novo bebê, meu pai
jogando meu irmão para o alto.

Sentei na janela, ora folheando
minha primeira leitura, ora vendo
o tempo passar, minha iniciação à
filosofia e à religião.

Talvez eu tenha adormecido. Quando acordei,
o céu estava diferente. Chovia um pouco,
as coisas ganharam um ar fresco e renovado —

Continuei olhando
o cachorro em alvoroço
com a bola amarela, um objeto
logo substituía
outro, talvez um brinquedo —

*And then suddenly evening had come.
I heard my brother's voice
calling to say he was home.*

*How old he seemed, older than this morning.
He set his books beside the umbrella stand
and went to wash his face.
The cuffs of his school uniform
dangled below his knees.*

*You have no idea how shocking it is
to a small child when
something continuous stops.*

*The sounds, in this case, of the sewing room,
like a drill, but very far away—*

*Vanished. Silence was everywhere.
And then, in the silence, footsteps.
And then we were all together, my aunt and my brother.*

*Then tea was set out.
At my place, a slice of ginger cake
and at the center of the slice,
one candle, to be lit later.
How quiet you are, my aunt said.*

*It was true—
sounds weren't coming out of my mouth. And yet
they were in my head, expressed, possibly,*

E aí, de repente, anoiteceu.
Ouvi a voz do meu irmão
avisando que estava em casa.

Ele parecia tão velho, mais velho do que naquela manhã.
Deixou os livros ao lado do porta-guarda-chuvas
e foi lavar o rosto.
Os punhos do uniforme escolar
pendiam até abaixo do joelho.

Você não faz ideia de como é chocante
para uma criança pequena quando
uma coisa contínua se interrompe.

O som, que vinha do quarto de costura,
tipo uma broca, porém mais distante —

O som calou. O silêncio tomou conta de tudo.
Depois, no silêncio, alguns passos.
Depois, estamos todos juntos, minha tia e meu irmão.

Depois, a mesa posta, o chá servido.
No meu prato, uma fatia de bolo de gengibre
e, no meio da fatia,
uma vela, que seria acesa mais tarde.
Você está tão calado, disse minha tia.

E era verdade —
da minha boca não saía nenhum som. Mas os sons
estavam na minha cabeça, deveriam se expressar

*as something less exact, thought perhaps,
though at the time they still seemed like sounds to me.*

*Something was there where there had been nothing.
Or should I say, nothing was there
but it had been defiled by questions—*

*Questions circled my head; they had a quality
of being organized in some way, like planets—*

*Outside, night was falling. Was this
that lost night, star-covered, moonlight-spattered,
like some chemical preserving
everything immersed in it?*

My aunt had lit the candle.

*Darkness overswept the land
and on the sea the night floated
strapped to a slab of wood—*

*If I could speak, what would I have said?
I think I would have said
goodbye, because in some sense
it* was *goodbye—*

*Well, what could I do? I wasn't
a baby anymore.*

como algo menos exato, talvez como pensamento,
embora na época parecessem sons.

Existia algo ali onde antes não havia nada.
Ou melhor, não havia nada ali,
mas o nada tinha sido ocupado por perguntas —

Perguntas orbitavam na minha cabeça;
se organizavam como planetas —

Do lado de fora, anoitecia. Seria esta
aquela noite perdida, coberta de estrelas, respingada de luar,
espécie de produto químico que conserva
tudo que está imerso nele?

Minha tia acendeu a vela.

A escuridão se alastrava sobre a terra
e a noite boiava sobre o mar,
presa a um pedaço de madeira —

Se eu pudesse falar, o que teria dito?
Acho que teria dito
adeus, porque de algum modo
era um adeus —

Bom, o que eu podia fazer? Já não era
mais um bebezinho.

I found the darkness comforting.
I could see, dimly, the blue and yellow
sailboats on the pillowcase.

I was alone with my brother;
we lay in the dark, breathing together,
the deepest intimacy.

It had occurred to me that all human beings are divided
into those who wish to move forward
and those who wish to go back.
Or you could say, those who wish to keep moving
and those who want to be stopped in their tracks
as by the blazing sword.

My brother took my hand.
Soon it too would be floating away
though perhaps, in my brother's mind,
it would survive by becoming imaginary—

Having finally begun, how does one stop?
I suppose I can simply wait to be interrupted
as in my parents' case by a large tree—
the barge, so to speak, will have passed
for the last time between the mountains.
Something, they say, like falling asleep,
which I proceeded to do.

The next day, I could speak again.
My aunt was overjoyed—

Achei o escuro reconfortante.
Podia ver na fronha, esmaecidos,
os barcos a vela azuis e amarelos.

Estava só com meu irmão;
os dois deitados no escuro, respirando juntos,
a maior forma de intimidade.

Me ocorreu que todos os seres humanos se dividem
entre os que querem seguir adiante
e os que querem voltar atrás.
Ou melhor, entre os que querem continuar o movimento
e os que querem que o caminho se interrompa
diante do brilho de uma espada.

Meu irmão segurou minha mão.
Também essa lembrança ficaria pairando
por aí, embora talvez na cabeça dele
tenha virado parte do imaginário —

Depois que enfim começamos, como parar?
Acho que sigo esperando ser interrompido
como meus pais foram por uma árvore imensa —
e minha balsa, digamos, terá passado
por entre as montanhas pela última vez.
Alguma coisa parecida com adormecer, dizem,
que foi o que fiz logo depois.

No dia seguinte, consegui falar.
Minha tia ficou na maior alegria —

*it seemed my happiness had been
passed on to her, but then
she needed it more, she had two children to raise.*

*I was content with my brooding.
I spent my days with the colored pencils
(I soon used up the darker colors)
though what I saw, as I told my aunt,
was less a factual account of the world
than a vision of its transformation
subsequent to passage through the void of myself.*

Something, I said, like the world in spring.

*When not preoccupied with the world
I drew pictures of my mother
for which my aunt posed,
holding, at my request,
a twig from a sycamore.*

*As to the mystery of my silence:
I remained puzzled
less by my soul's retreat than
by its return, since it returned empty-handed—*

*How deep it goes, this soul,
like a child in a department store,
seeking its mother—*

como se a minha felicidade tivesse
passado para ela, mas na época era ela quem
mais precisava, tinha duas crianças para criar.

Eu me contentei com um estado meditativo.
Passava o tempo com os lápis de cor
(logo gastei as cores mais escuras),
mas o que via, como contei à minha tia,
era menos uma representação factual do mundo
era mais a imagem de como ele tinha se transformado
depois de eu atravessar meu próprio vazio.

Parecido com o mundo na primavera, expliquei.

Quando eu não me preocupava com o mundo
desenhava retratos da minha mãe
para os quais minha tia posava
segurando, a meu pedido,
um galhinho de sicômoro.

Continuei abalado com
o mistério do meu silêncio;
não tanto por minha alma ter se ausentado
mas sobretudo por ela ter voltado de mãos vazias —

Ela, a alma, vai tão longe,
é como uma criança que procura a mãe
num supermercado —

Perhaps it is like a diver
with only enough air in his tank
to explore the depths for a few minutes or so—
then the lungs send him back.

But something, I was sure, opposed the lungs,
possibly a death wish—
(I use the word soul *as a compromise).*

Of course, in a certain sense I was not empty-handed:
I had my colored pencils.
In another sense, that is my point:
I had accepted substitutes.

It was challenging to use the bright colors,
the ones left, though my aunt preferred them of course—
she thought all children should be lighthearted.

And so time passed: I became
a boy like my brother, later
a man.

I think here I will leave you. It has come to seem
there is no perfect ending.
Indeed, there are infinite endings.
Or perhaps, once one begins,
there are only endings.

Talvez como um mergulhador
que leva no tanque só o ar suficiente
para explorar as profundezas por poucos minutos —
até que o seu pulmão o mande de volta.

Mas decerto alguma coisa ia contra os meus pulmões,
um desejo de morte talvez —
(uso a palavra *alma* aqui como uma forma de pacto).

É claro que eu não estava de mãos vazias:
minha caixa de lápis de cor me fazia companhia.
Mas é isto que quero dizer, de algum modo:
eu aceitei substituir as coisas.

Foi um desafio desenhar usando cores vivas,
as que restavam, se bem que minha tia preferisse essas, é
[claro —
para ela, as crianças tinham o coração leve.

E, assim, o tempo passou: virei
um garoto como meu irmão, e depois
um homem.

Aqui me despeço de você. Tudo indica
que não há um final perfeito.
Há, na verdade, infinitas possibilidades.
Ou, quem sabe, depois que começamos,
só nos restam os finais.

Theory of Memory

Long, long ago, before I was a tormented artist, afflicted with longing yet incapable of forming durable attachments, long before this, I was a glorious ruler uniting all of a divided country—so I was told by the fortune-teller who examined my palm. Great things, she said, are ahead of you, or perhaps behind you; it is difficult to be sure. And yet, she added, what is the difference? Right now you are a child holding hands with a fortune-teller. All the rest is hypothesis and dream.

Teoria da memória

Há muito, muito tempo, antes de eu me tornar um artista angustiado, atormentado pelo desejo, mas incapaz de criar laços estáveis, muito tempo antes disso, fui um glorioso soberano que uniu todas as pessoas em um país dividido — foi o que me disse a vidente ao ler a palma da minha mão. Estou vendo coisas extraordinárias, ela falou, que estão à sua frente, ou talvez atrás de você; é difícil dizer ao certo. Mas, afinal, acrescentou ela, que diferença isso faz? Agora você é uma criança de mãos dadas com uma vidente. Todo o resto são só hipóteses e sonhos.

A Sharply Worded Silence

Let me tell you something, said the old woman.
We were sitting, facing each other,
in the park at ____, a city famous for its wooden toys.

At the time, I had run away from a sad love affair,
and as a kind of penance or self-punishment, I was working
at a factory, carving by hand the tiny hands and feet.

The park was my consolation, particularly in the quiet hours
after sunset, when it was often abandoned.
But on this evening, when I entered what was called the Contessa's
[*Garden,*
I saw that someone had preceded me. It strikes me now
I could have gone ahead, but I had been
set on this destination; all day I had been thinking of the cherry
[*trees*
with which the glade was planted, whose time of blossoming had
[*nearly ended.*

We sat in silence. Dusk was falling,
and with it came a feeling of enclosure
as in a train cabin.

Um silêncio bem afiado

Deixa eu te contar uma coisa, disse a senhora.
Estávamos sentadas, uma diante da outra, no
parque de ____, cidade conhecida por seus brinquedos de
[madeira.

Na época, eu tinha fugido de um triste caso amoroso
e, por penitência ou autocastigo, fui trabalhar
numa fábrica, onde esculpia à mão minúsculos pés e mãos.

O parque era meu consolo, sobretudo nas horas calmas
depois do pôr do sol, quando costumava ficar às moscas.
Mas, naquele fim de tarde, ao entrar no Jardim da Condessa,
[que era como
se chamava o parque, vi que alguém já estava lá. Me aflige
[tanto pensar
que eu podia ter ido embora, mas estava
decidida a entrar; o dia todo pensando nas cerejeiras que
[ladeavam o caminho e cuja floração tinha sido pouco
[tempo antes.

Sentamos em silêncio. A noite caía
e a sensação era de clausura,
como numa cabine de trem.

When I was young, she said, I liked walking the garden path at
                                                               [twilight
and if the path was long enough I would see the moon rise.
That was for me the great pleasure: not sex, not food, not worldly
                                                            [amusement.
I preferred the moon's rising, and sometimes I would hear,
at the same moment, the sublime notes of the final ensemble
of The Marriage of Figaro. *Where did the music come from?*
I never knew.

Because it is the nature of garden paths
to be circular, each night, after my wanderings,
I would find myself at my front door, staring at it,
barely able to make out, in darkness, the glittering knob.

It was, she said, a great discovery, albeit my real life.

But certain nights, she said, the moon was barely visible through
                                                           [the clouds
and the music never started. A night of pure discouragement.
And still the next night I would begin again, and often all would be
                                                                   [well.

I could think of nothing to say. This story, so pointless as I write it
                                                                        [out,
was in fact interrupted at every stage with trance-like pauses
and prolonged intermissions, so that by this time night had started.

Quando eu era jovem, ela disse, gostava de andar pelos
                              [parques ao anoitecer
e quando a alameda do parque era longa, dava tempo de ver
                                     [a lua nascer.
Foi meu grande prazer na vida: nem sexo, nem comida, nem
                                  [distrações mundanas.
Preferia ver a lua nascendo e de vez em quando ouvia,
na mesma hora, as notas sublimes do final
de *As bodas de Fígaro*. De onde vinha aquela música?
Nunca descobri.

Como as alamedas dos parques costumam ter o formato
circular, todas as noites, depois das minhas andanças,
eu acabava diante da porta da minha própria casa e ficava ali
                                       [encarando-a,
sem conseguir ver direito, no escuro, o brilho da maçaneta.

Foi uma grande revelação para mim, ela disse, apesar de ser
                                  [a minha própria vida.

Mas havia noites, ela disse, em que quase não se via a lua
                                  [por entre as nuvens
e a música não tocava. Uma noite frustrante.
Porém, lá ia eu na noite seguinte e tudo corria bem.

Eu não sabia o que dizer a ela. A história, ainda mais
                                  [desconexa por escrito,
era interrompida por pausas, como devaneios,
e intervalos muito prolongados, até que nessa hora a noite
                                          [chegou.

Ah the capacious night, the night
so eager to accommodate strange perceptions. I felt that some
                                        [important secret
was about to be entrusted to me, as a torch is passed
from one hand to another in a relay.

My sincere apologies, she said.
I had mistaken you for one of my friends.
And she gestured toward the statues we sat among,
heroic men, self-sacrificing saintly women
holding granite babies to their breasts.
Not changeable, she said, like human beings.

I gave up on them, she said.
But I never lost my taste for circular voyages.
Correct me if I'm wrong.

Above our heads, the cherry blossoms had begun
to loosen in the night sky, or maybe the stars were drifting,
drifting and falling apart, and where they landed
new worlds would form.

Soon afterward I returned to my native city
and was reunited with my former lover.
And yet increasingly my mind returned to this incident,
studying it from all perspectives, each year more intensely convinced,

Ah, noite que abarca todas as coisas, noite
ávida por percepções estranhas. Minha sensação era de estar
                                                         [a ponto
de ouvir um segredo importante, como a tocha que vai
                                                       [passando
de mão em mão numa corrida de revezamento.

Minhas desculpas sinceras, disse ela,
confundi você com uma amiga.
E fez um gesto na direção das estátuas ao redor,
homens heroicos, mulheres se sacrificando como santas
apertando contra o peito seus bebês de granito.
As estátuas, ela disse, não são instáveis como os seres
                                                           [humanos.

Deles eu desisti, falou,
mas nunca deixei de gostar das viagens em círculo.
Talvez eu esteja enganada, não é mesmo?

Sobre as nossas cabeças, as flores das cerejeiras começaram
a se soltar no céu da noite, ou quem sabe eram estrelas
                                                        [flutuando,
flutuando e caindo, e no lugar onde pousavam
novos mundos iam se formando.

Depois disso, voltei para a minha cidade natal
e reatei com meu antigo amor.
Mas a cada dia pensava mais e mais nesse episódio,
tentando analisá-lo de todos os ângulos, e a cada ano ficava
                                                       [mais claro

despite the absence of evidence, that it contained some secret.
I concluded finally that whatever message there might have been
was not contained in speech—so, I realized, my mother used to
                                        [speak to me,
her sharply worded silences cautioning me and chastising me—

and it seemed to me I had not only returned to my lover
but was now returning to the Contessa's Garden
in which the cherry trees were still blooming
like a pilgrim seeking expiation and forgiveness,

so I assumed there would be, at some point,
a door with a glittering knob,
but when this would happen and where I had no idea.

que, mesmo sem evidências, ele continha uma espécie de
[segredo.
Concluí por fim que qualquer que fosse a mensagem
o conteúdo dela não estava nas palavras — era como minha
[mãe falando comigo
com seus silêncios bem afiados, que me advertiam e
[castigavam —

e me pareceu que eu tinha voltado não só ao meu antigo amor,
mas que agora voltava ao Jardim da Condessa,
com as cerejeiras que ainda estariam em flor,
tal como um peregrino que busca expiação e perdão,

assim, entendi que deve haver, em algum lugar,
uma porta com um brilho na maçaneta,
mas quando ela vai aparecer e onde, não faço a menor ideia.

Visitors from Abroad

1.
*Sometime after I had entered
that time of life
people prefer to allude to in others
but not in themselves, in the middle of the night
the phone rang. It rang and rang
as though the world needed me,
though really it was the reverse.*

*I lay in bed, trying to analyze
the ring. It had
my mother's persistence and my father's
pained embarrassment.*

*When I picked it up, the line was dead.
Or was the phone working and the caller dead?
Or was it not the phone, but the door perhaps?*

2.
*My mother and father stood in the cold
on the front steps. My mother stared at me,
a daughter, a fellow female.
You never think of us, she said.*

Visitantes estrangeiros

1.
Algum tempo depois de eu ter entrado
naquela fase da vida
que as pessoas gostam de notar nos outros
mas não em si mesmas, bem no meio da noite
o telefone tocou. Ficou tocando sem parar
como se o mundo precisasse de mim,
quando na verdade era o oposto.

Deitada na cama, tentei interpretar
o toque. Tinha
a insistência da minha mãe, o desconforto
aflito do meu pai.

Quando atendi, caiu, não tinha ninguém na linha.
Ou será que tinha alguém, mas a pessoa ligava do além?
Ou não era o telefone, e sim a campainha?

2.
Minha mãe e meu pai em pé no frio
diante da porta. Minha mãe me encarava,
eu que sou filha, mulher feito ela.
Você nunca pensa na gente, ela disse.

We read your books when they reach heaven.
Hardly a mention of us anymore, hardly a mention of your sister.
And they pointed to my dead sister, a complete stranger,
tightly wrapped in my mother's arms.

But for us, she said, you wouldn't exist.
And your sister—you have your sister's soul.
After which they vanished, like Mormon missionaries.

3.
The street was white again,
all the bushes covered with heavy snow
and the trees glittering, encased with ice.

I lay in the dark, waiting for the night to end.
It seemed the longest night I had ever known,
longer than the night I was born.

I write about you all the time, I said aloud.
Every time I say "I," it refers to you.

4.
Outside the street was silent.
The receiver lay on its side among the tangled sheets;
its peevish throbbing had ceased some hours before.

I left it as it was,
its long cord drifting under the furniture.

Lemos seus livros quando eles viram um sucesso.
É raro você mencionar a gente, é raro mencionar sua irmã.
E apontaram para a minha irmã morta, uma estranha
nos braços da minha mãe.

Se não fosse por nós, ela falou, você nem existiria.
E sua irmã — você tem a alma da sua irmã.
Depois disso, como missionários mórmons, eles sumiram.

3.
A rua ficou branca outra vez,
os arbustos cobertos com a neve pesada
as árvores resplandecentes, envoltas por uma camada de
[gelo.

Deitei no escuro, esperando a noite acabar.
Parecia a noite mais longa da minha vida,
mais longa do que a noite em que nasci.

Escrevo sobre você o tempo todo, eu disse em voz alta.
Toda vez que digo "eu", estou me referindo a você.

4.
Do lado de fora, a rua estava silenciosa.
O telefone esquecido entre os lençóis amarfanhados;
seu sinal irritante tinha cessado umas horas antes.

Deixei tudo como estava,
o longo fio esticado por baixo do móvel.

*I watched the snow falling,
not so much obscuring things
as making them seem larger than they were.*

*Who would call in the middle of the night?
Trouble calls, despair calls.
Joy is sleeping like a baby.*

Observei a neve caindo,
mais do que cobrir o mundo,
ela torna as coisas maiores do que são.

Quem telefonaria bem no meio da noite?
Problemas, desespero.
A alegria dorme como um bebê.

Aboriginal Landscape

*You're stepping on your father, my mother said,
and indeed I was standing exactly in the center
of a bed of grass, mown so neatly it could have been
my father's grave, although there was no stone saying so.*

*You're stepping on your father, she repeated,
louder this time, which began to be strange to me,
since she was dead herself; even the doctor had admitted it.*

*I moved slightly to the side, to where
my father ended and my mother began.*

*The cemetery was silent. Wind blew through the trees;
I could hear, very faintly, sounds of weeping several rows away,
and beyond that, a dog wailing.*

*At length these sounds abated. It crossed my mind
I had no memory of being driven here,
to what now seemed a cemetery, though it could have been
a cemetery in my mind only; perhaps it was a park, or if not a park,
a garden or bower, perfumed, I now realized, with the scent of*
                                              [*roses—*
*douceur de vivre filling the air, the sweetness of living,
as the saying goes. At some point,*

Paisagem nativa

Você está pisando no seu pai, disse minha mãe,
e de fato eu estava em pé bem no meio
de um canteiro de grama cortada tão rente que podia
ser o túmulo do meu pai, apesar de estar sem lápide.

Você está pisando no seu pai, ela repetiu,
dessa vez mais alto, e eu comecei a estranhar,
pois ela também estava morta; até o médico tinha atestado.

Dei um passo para o lado, justo onde
acabava meu pai e começava minha mãe.

Fazia silêncio no cemitério. O vento soprava entre as árvores;
Dava para ouvir, baixinho, choros e lamentos a algumas
                                         [fileiras dali,
e ao fundo um cachorro ganindo.

Até que os sons cessaram. De repente, percebi que
não me lembrava de como chegara ali,
àquele lugar que parecia um cemitério, mas talvez só na
                                         [minha cabeça
fosse um cemitério; podia ser um parque ou, quem sabe,
um jardim ou caramanchão, agora me dou conta que havia
                                       [um perfume de rosas —
no ar uma *douceur de vivre*, ah, doce vida,
como se diz. A certa altura,

it occurred to me I was alone.
Where had the others gone,
my cousins and sister, Caitlin and Abigail?

By now the light was fading. Where was the car
waiting to take us home?

I then began seeking for some alternative. I felt
an impatience growing in me, approaching, I would say, anxiety.
Finally, in the distance, I made out a small train,
stopped, it seemed, behind some foliage, the conductor
lingering against a doorframe, smoking a cigarette.

Do not forget me, I cried, running now
over many plots, many mothers and fathers—

Do not forget me, I cried, when at last I reached him.
Madam, he said, pointing to the tracks,
surely you realize this is the end, the tracks do not go farther.
His words were harsh, and yet his eyes were kind;
this encouraged me to press my case harder.
But they go back, I said, and I remarked
their sturdiness, as though they had many such returns ahead of
                                                                                          [them.

You know, he said, our work is difficult: we confront
much sorrow and disappointment.
He gazed at me with increasing frankness.
I was like you once, he added, in love with turbulence.

senti um isolamento profundo.
Onde estava todo mundo,
meus primos, minha irmã, Caitlin e Abigail?

Começou a anoitecer. Onde estava o carro
que nos levaria de volta para casa?

Então, comecei a buscar uma saída. Senti que
minha preocupação crescente já beirava a ansiedade.
Até que vi, ao longe, um trenzinho
que parecia estacionado atrás das árvores, o motorista
apoiado na porta, fumando um cigarro.

Não me esqueçam aqui, gritei, nessa hora já correndo
por cima dos montinhos de terra, tantos pais e mães —

Não me esqueçam aqui, gritei quando enfim o alcancei.
Senhora, disse o motorista apontando para os trilhos,
veja, aqui é o fim da linha, os trilhos não vão adiante.
Suas palavras tinham uma dureza, mas o olhar dele era terno;
por isso tive coragem para insistir.
Mas os trilhos seguem o caminho de volta, disse, e notei que
[eram
trilhos ainda firmes, como se tivessem muitas viagens pela
[frente.

Olhe, ele disse, nosso trabalho é difícil: lidamos
com muita tristeza e decepção.
E me encarou com ar sincero.
Já fui como você, disse, apaixonado pelas coisas turbulentas.

Now I spoke as to an old friend:
What of you, I said, since he was free to leave,
have you no wish to go home,
to see the city again?

This is my home, he said.
The city—the city is where I disappear.

Falei com ele como se fosse um velho amigo:
E você, perguntei, já que é livre para ir e vir,
não tem vontade de voltar para casa,
de ver a cidade outra vez?

Minha casa é aqui, disse ele.
A cidade — a cidade é onde eu desapareço.

Utopia

When the train stops, the woman said, you must get on it. But how will I know, the child asked, it is the right train? It will be the right train, said the woman, because it is the right time. A train approached the station; clouds of grayish smoke streamed from the chimney. How terrified I am, the child thinks, clutching the yellow tulips she will give to her grandmother. Her hair has been tightly braided to withstand the journey. Then, without a word, she gets on the train, from which a strange sound comes, not in a language like the one she speaks, something more like a moan or a cry.

Utopia

Quando o trem parar, disse a mulher, você entra nele. Mas como vou saber, perguntou a criança, se é o trem certo? Vai ser o certo, disse a mulher, pois estará na hora certa. Um trem se aproximou da estação; nuvens cinzentas de fumaça saíam da chaminé. Estou morrendo de medo, pensa a criança, agarrando as tulipas amarelas que leva de presente para a avó. O cabelo dela preso com tranças firmes para aguentar a viagem. Então, sem dizer nada, ela entra no trem, que faz um som bem estranho, não em uma língua como a dela, algo mais parecido com um gemido ou um grito.

Cornwall

*A word drops into the mist
like a child's ball into high grass
where it remains seductively
flashing and glinting until
the gold bursts are revealed to be
simply field buttercups.*

*Word/mist, word/mist: thus it was with me.
And yet, my silence was never total—*

*Like a curtain rising on a vista,
sometimes the mist cleared: alas, the game was over.
The game was over and the word had been
somewhat flattened by the elements
so it was now both recovered and useless.*

*I was renting, at the time, a house in the country.
Fields and mountains had replaced tall buildings.
Fields, cows, sunsets over the damp meadow.
Night and day distinguished by rotating birdcalls,
the busy murmurs and rustlings merging into
something akin to silence.*

Cornualha

Uma palavra cai na neblina
como uma bola lançada dentro do matagal
onde fica um tempo e seduz
com seu brilho reluzente até que
a explosão dourada acaba sendo
um simples botão-de-ouro.

Palavra/neblina, palavra/neblina: era assim comigo.
Meu silêncio, porém, nunca foi completo —

Uma cortina se abre e mostra a vista,
era assim também quando a neblina sumia: que pena, o
                              [jogo acabou.
O jogo acabou e as forças da natureza
achataram a palavra que agora fora
resgatada, mas estava sem nenhum uso.

Na época, eu tinha alugado uma casa no campo.
Pastos e montanhas substituíam os altos prédios.
Pastos, vacas, o pôr do sol sobre o prado úmido.
Dia e noite se diferenciavam pelos cantos dos passarinhos,
sons e murmúrios agitados se transformavam em
alguma coisa próxima ao silêncio.

*I sat, I walked about. When night came,
I went indoors. I cooked modest dinners for myself
by the light of candles.
Evenings, when I could, I wrote in my journal.*

*Far, far away I heard cowbells
crossing the meadow.
The night grew quiet in its way.
I sensed the vanished words
lying with their companions,
like fragments of an unclaimed biography.*

*It was all, of course, a great mistake.
I was, I believed, facing the end:
like a fissure in a dirt road,
the end appeared before me—*

*as though the tree that confronted my parents
had become an abyss shaped like a tree, a black hole
expanding in the dirt, where by day
a simple shadow would have done.*

It was, finally, a relief to go home.

*When I arrived, the studio was filled with boxes.
Cartons of tubes, boxes of the various
objects that were my still lives,
the vases and mirrors, the blue bowl
I filled with wooden eggs.*

Eu descansava, andava por aí. Quando a noite chegava,
entrava em casa. Preparava um jantar simples
à luz de velas.
À noitinha, quando podia, escrevia no meu diário.

Bem ao longe, eu ouvia os sinos das vacas
que atravessavam o pasto.
A noite ia se calando.
Sentia que as palavras extintas
se deitavam na companhia de outras,
como os fragmentos de uma biografia não autorizada.

É claro que foi um grande erro.
Acreditei que estava encarando o fim:
como uma rachadura numa estrada de terra,
o fim apareceu diante de mim —

como se a árvore que confrontou meus pais
virasse um abismo em forma de árvore, um buraco negro
se expandindo na lama, se visto de dia
poderia ser uma simples sombra.

Foi, no fim, um alívio voltar para casa.

Quando cheguei, o ateliê estava tomado por caixas.
Bisnagas de tinta, caixas e mais caixas
com vários objetos, minhas naturezas-mortas,
as jarras e os espelhos, a tigela azul
cheia de ovos de madeira.

As to the journal:
I tried. I persisted.
I moved my chair onto the balcony—

The streetlights were coming on,
lining the sides of the river.
The offices were going dark.
At the river's edge,
fog encircled the lights;
one could not, after a while, see the lights
but a strange radiance suffused the fog,
its source a mystery.

The night progressed. Fog
swirled over the lit bulbs.
I suppose that is where it was visible;
elsewhere, it was simply the way things were,
blurred where they had been sharp.

I shut my book.
It was all behind me, all in the past.

Ahead, as I have said, was silence.

I spoke to no one.
Sometimes the phone rang.

Day alternated with night, the earth and sky
taking turns being illuminated.

Sobre o meu diário:
bem que eu tentei. E persisti.
Arrastei a cadeira até a varanda —
As luzes dos postes se acendiam
formando uma linha ao longo do rio.
Os escritórios estavam se apagando.
Na beira do rio,
a neblina envolvia as luzes;
depois de um tempo, não se via mais a luz,
só um estranho brilho derramado na neblina,
de origem misteriosa.

A noite avançava. A neblina
circundava as lâmpadas.
Imaginei que só ali ela se fazia visível;
em qualquer outro ponto, ela era como as coisas são,
borradas onde um dia foram nítidas.

Fechei meu caderno.
Tudo estava atrás de mim, no passado.

À minha frente, como disse, só o silêncio.

Não falava com ninguém.
Às vezes, o telefone tocava.

O dia trocava de lugar com a noite, a terra e o céu
se revezavam em busca de luz.

Afterword

*Reading what I have just written, I now believe
I stopped precipitously, so that my story seems to have been
slightly distorted, ending, as it did, not abruptly
but in a kind of artificial mist of the sort
sprayed onto stages to allow for difficult set changes.*

*Why did I stop? Did some instinct
discern a shape, the artist in me
intervening to stop traffic, as it were?*

*A shape. Or fate, as the poets say,
intuited in those few long-ago hours—*

*I must have thought so once.
And yet I dislike the term
which seems to me a crutch, a phase,
the adolescence of the mind, perhaps—*

*Still, it was a term I used myself,
frequently to explain my failures.
Fate, destiny, whose designs and warnings
now seem to me simply
local symmetries, metonymic
baubles within immense confusion—*

Epílogo

Relendo o que acabei de escrever, acho
que parei antes da hora, por isso minha história parece
ter sido um pouco distorcida, terminando não de modo
                                                    [abrupto,
mas imersa numa névoa artificial do tipo usado
no palco para aquelas mudanças de cenário mais difíceis de
                                                           [realizar.

Por que parei ali? Será que algum instinto meu
percebeu uma forma pronta, o artista que sou
interveio para, de certo modo, deter o tráfego?

Uma forma pronta. Ou o destino, como dizem os poetas,
intuído naquelas poucas horas de tanto tempo atrás —

Acho que já pensei dessa maneira.
Porém não gosto do termo,
ele parece um tipo de muleta, uma fase,
talvez a adolescência da cabeça —

Mesmo assim, foi um termo que usei
muitas vezes para justificar meus fracassos.
Destino, sina, com seus padrões e alertas
que parecem agora pura e simplesmente
simetrias pontuais, tralha metonímica
imersa numa grande confusão —

Chaos was what I saw.
My brush froze—I could not paint it.

Darkness, silence: that was the feeling.

What did we call it then?
A "crisis of vision" corresponding, I believed,
to the tree that confronted my parents,

but whereas they were forced
forward into the obstacle,
I retreated or fled—

Mist covered the stage (my life).
Characters came and went, costumes were changed,
my brush hand moved side to side
far from the canvas,
side to side, like a windshield wiper.

Surely this was the desert, the dark night.
(In reality, a crowded street in London,
the tourists waving their colored maps.)

One speaks a word: I.
Out of this stream
the great forms—

I took a deep breath. And it came to me
the person who drew that breath
was not the person in my story, his childish hand
confidently wielding the crayon—

Eu só via o caos.
Meu pincel congelou — eu não conseguia mais pintar.

Escuridão, silêncio: era este o sentimento.

Como chamamos isso na época?
Foi uma "crise de visão", que correspondia, acredito,
à árvore que confrontou meus pais,

mas se eles foram lançados
para a frente na direção do obstáculo,
eu, por outro lado, me ausentei ou escapei —

A névoa cobriu o palco (minha vida).
Os personagens entravam e saíam, trocavam de roupa,
minha mão com o pincel se movia de um lado pro outro,
bem longe da tela,
para lá e para cá, como um limpador de para-brisa.

Era sem dúvida o deserto, a noite escura.
(Na verdade, uma rua movimentada de Londres,
cheia de turistas com seus mapas coloridos.)

Alguém diz uma palavra: *eu*.
Fora desse fluxo,
estavam as grandes formas —

Respirei fundo. E me ocorreu que
a pessoa que tinha feito essa pausa para um respiro
não era a mesma pessoa da minha história, a mão infantil
que, firme, segura o lápis —

*Had I been that person? A child but also
an explorer to whom the path is suddenly clear, for whom
the vegetation parts—*

*And beyond, no longer screened from view, that exalted
solitude Kant perhaps experienced
on his way to the bridges—
(We share a birthday.)*

*Outside, the festive streets
were strung, in late January, with exhausted Christmas lights.
A woman leaned against her lover's shoulder
singing Jacques Brel in her thin soprano—*

*Bravo! the door is shut.
Now nothing escapes, nothing enters—*

*I hadn't moved. I felt the desert
stretching ahead, stretching (it now seems)
on all sides, shifting as I speak,*

*so that I was constantly
face-to-face with blankness, that
stepchild of the sublime,*

*which, it turns out,
has been both my subject and my medium.*

Terei sido aquela pessoa um dia? Uma criança, mas também
um explorador que de repente sabe qual caminho seguir,
                                            [que vê
diante de si a vegetação se abrir —

E mais além, agora fora do campo de visão, aquela
solidão elevada que talvez Kant tenha experimentado
a caminho das pontes da sua cidade —
(Fazemos aniversário no mesmo dia.)

Do lado de fora, as ruas em clima de festa,
fim de janeiro, as luzes natalinas penduradas já exaustas.
Uma mulher encostada no ombro do namorado
canta Jacques Brel com sua voz aguda de soprano —

Bravo! A porta se fechou.
Agora nada escapa, nada entra —

Não me mexi. Senti o deserto
se abrir diante de mim, se estendendo (agora parece)
para todos os lados, se movendo enquanto eu falava,

de modo que eu estava o tempo todo
cara a cara com o branco, esse
filho emprestado do sublime,

que acabou virando,
ao mesmo tempo, meu tema e minha técnica.

*What would my twin have said, had my thoughts
reached him?*

*Perhaps he would have said
in my case there was no obstacle (for the sake of argument)
after which I would have been
referred to religion, the cemetery where
questions of faith are answered.*

*The mist had cleared. The empty canvases
were turned inward against the wall.*

The little cat is dead (*so the song went*).

Shall I be raised from death, *the spirit asks.*
And the sun says yes.
*And the desert answers
your voice is sand scattered in wind.*

O que diria meu duplo se pudesse ouvir
meus pensamentos?

Talvez ele dissesse que
para mim não havia obstáculos (para o bem da conversa)
depois disso falaria sobre religião, o cemitério onde
as questões de fé são respondidas.

A névoa se dissipou. As telas em branco
foram viradas contra a parede.

O gatinho morreu (dizia a música).

Será que voltarei da morte, pergunta o espírito.
E o sol diz que sim.
E o deserto responde
sua voz é areia dispersa no vento.

Midnight

*At last the night surrounded me;
I floated on it, perhaps in it,
or it carried me as a river carries
a boat, and at the same time
it swirled above me,
star-studded but dark nevertheless.*

*These were the moments I lived for.
I was, I felt, mysteriously lifted above the world
so that action was at last impossible
which made thought not only possible but limitless.*

*It had no end. I did not, I felt,
need to do anything. Everything
would be done for me, or done to me,
and if it was not done, it was not
essential.*

*I was on my balcony.
In my right hand I held a glass of Scotch
in which two ice cubes were melting.*

*Silence had entered me.
It was like the night, and my memories—they were like stars
in that they were fixed, though of course*

Meia-noite

Até que enfim a noite me cercou;
flutuei sobre ela, talvez no fundo dela,
ou ela me levou como um rio leva
um barco, e ao mesmo tempo
ela rodopiou por cima de mim,
estrelada apesar de escura.

Levei toda a minha vida para chegar aqui.
Uma força misteriosa me ergueu por cima do mundo
impossibilitando toda ação,
o que tornou o pensamento não só possível, como ilimitado.

E aquilo não tinha mais fim. Sentia que não
precisava fazer nada. Tudo
seria feito para mim, ou feito contra mim
e, se não fosse feito, não era
vital.

Eu estava na varanda.
Na mão direita, um copo de uísque
com duas pedras de gelo derretendo.

O silêncio me ocupou.
Ele era como a noite, e minhas memórias — como estrelas
que estão fixas, embora, é claro,

if one could see as do the astronomers
one would see they are unending fires, like the fires of hell.
I set my glass on the iron railing.

Below, the river sparkled. As I said,
everything glittered—the stars, the bridge lights, the important
illumined buildings that seemed to stop at the river
then resume again, man's work
interrupted by nature. From time to time I saw
the evening pleasure boats; because the night was warm,
they were still full.

This was the great excursion of my childhood.
The short train ride culminating in a gala tea by the river,
then what my aunt called our promenade,
then the boat itself that cruised back and forth over the dark
                                                                  [water—

The coins in my aunt's hand passed into the hand of the captain.
I was handed my ticket, each time a fresh number.
Then the boat entered the current.

I held my brother's hand.
We watched the monuments succeeding one another
always in the same order
so that we moved into the future
while experiencing perpetual recurrences.

se alguém pudesse ver como um astrônomo
saberia que elas são fogo que não se apaga, fogo do inferno.
Coloquei meu copo sobre o parapeito de ferro.

Lá embaixo, o rio resplandecia. Como eu disse,
tudo brilhava — as estrelas, as luzes na ponte, os imponentes
prédios iluminados que eram cortados para dar passagem ao rio
e retornavam adiante, o trabalho humano
interrompido pela natureza. De vez em quando um ou outro
barco de passeio noturno; era uma noite quente,
por isso estavam cheios àquela hora.

Essa era minha excursão preferida na infância.
O curto trajeto de trem culminava num chá de gala diante do rio,
depois vinha o "nosso passeio", como minha tia chamava,
depois o barco ia pra lá e pra cá na água escura —

As moedas que passavam das mãos da minha tia para as mãos
                                                      [do capitão.
O bilhete que me davam, cada vez um número diferente.
Depois, o barco entrava na correnteza.

Eu ficava de mãos dadas com meu irmão.
Víamos passar os monumentos um depois do outro
sempre na mesma ordem
então íamos em direção ao futuro
enquanto vivíamos as repetições eternas.

The boat traveled up the river and then back again.
It moved through time and then
through a reversal of time, though our direction
was forward always, the prow continuously
breaking a path in the water.

It was like a religious ceremony
in which the congregation stood
awaiting, beholding,
and that was the entire point, the beholding.

The city drifted by,
half on the right side, half on the left.

See how beautiful the city is,
my aunt would say to us. Because
it was lit up, I expect. Or perhaps because
someone had said so in the printed booklet.

Afterward we took the last train.
I often slept, even my brother slept.
We were country children, unused to these intensities.
You boys are spent, my aunt said,
as though our whole childhood had about it
an exhausted quality.
Outside the train, the owl was calling.

How tired we were when we reached home.
I went to bed with my socks on.

O barco subia o rio e depois descia de volta.
Deslocava-se pelo tempo e depois
pelo revés do tempo, embora seguisse sempre
em frente, a proa do barco
abrindo caminho na água.

Feito uma cerimônia religiosa
em que todos ficam em pé
esperando, contemplando,
no fim era isso: contemplar.

A cidade se dividia,
metade para a direita, metade para a esquerda.

Vejam como a cidade é linda,
dizia minha tia. Talvez porque
estivesse iluminada. Ou porque
isso vinha escrito no folheto impresso.

Mais tarde, tomávamos o último trem.
Eu voltava dormindo, até meu irmão dormia.
Éramos crianças do campo, não acostumadas com essa
                                             [agitação.
Meninos, vocês estão acabados, dizia minha tia,
como se toda a nossa infância tivesse
um quê de exaustão.
Do lado de fora do trem, uma coruja cantava.

Chegando em casa, caíamos de cansaço.
Eu ia dormir sem nem tirar a meia.

The night was very dark.
The moon rose.
I saw my aunt's hand gripping the railing.

In great excitement, clapping and cheering,
the others climbed onto the upper deck
to watch the land disappear into the ocean—

A noite estava muito escura.
A lua nascia.
Via minha tia se apoiando firme no parapeito.

No maior rebuliço, aplaudindo e festejando,
as pessoas subiam no convés do barco
pra ver a terra sumir dentro do oceano —

The Sword in the Stone

*My analyst looked up briefly.
Naturally I couldn't see him
but I had learned, in our years together,
to intuit these movements. As usual,
he refused to acknowledge
whether or not I was right. My ingenuity versus
his evasiveness: our little game.*

*At such moments, I felt the analysis
was flourishing: it seemed to bring out in me
a sly vivaciousness I was
inclined to repress. My analyst's
indifference to my performances
was now immensely soothing. An intimacy*

*had grown up between us
like a forest around a castle.*

*The blinds were closed. Vacillating
bars of light advanced across the carpeting.
Through a small strip above the windowsill,
I saw the outside world.*

*All this time I had the giddy sensation
of floating above my life. Far away*

A espada na pedra

Por um instante, meu analista ergueu o olhar.
É claro que eu não podia ver o rosto dele,
mas tinha aprendido, nos anos de convívio,
a intuir seus movimentos. Como sempre,
ele se recusava a admitir se eu estava certo
ou não. Fazia parte do nosso jogo: minhas
construções contra as ambiguidades dele.

Nessas horas, eu sentia que a análise
estava funcionando: ela parecia produzir em mim
uma disposição maliciosa
que eu tentava reprimir. A indiferença
do meu analista com meu desempenho
me tranquilizava. Tinha nascido

entre nós certa intimidade,
era uma espécie de floresta ao redor de um castelo.

As persianas estavam fechadas. Riscos de luz
iam avançando hesitantes pelo carpete.
Por uma pequena fresta sobre o parapeito,
eu via o mundo lá fora.

Uma sensação de tontura o tempo todo, como
se eu estivesse pairando por cima da minha vida. Ela

*that life occurred. But was it
still occurring: that was the question.*

*Late summer: the light was fading.
Escaped shreds flickered over the potted plants.*

*The analysis was in its seventh year.
I had begun to draw again—
modest little sketches, occasional
three-dimensional constructs
modeled on functional objects—*

*And yet, the analysis required
much of my time. From what
was this time deducted: that
was also the question.*

*I lay, watching the window,
long intervals of silence alternating
with somewhat listless ruminations
and rhetorical questions—*

*My analyst, I felt, was watching me.
So, in my imagination, a mother stares at her sleeping child,
forgiveness preceding understanding.*

*Or, more likely, so my brother must have gazed at me—
perhaps the silence between us prefigured
this silence, in which everything that remained unspoken
was somehow shared. It seemed a mystery.*

estava longe, bem longe daqui. Mas será que ainda
estaria acontecendo? Eis minha questão.

O verão chegava ao fim: a luz já estava mais fraca.
Alguns raios tremulavam sobre os vasos de planta.

Era meu sétimo ano de análise.
Eu tinha voltado a desenhar —
alguns rascunhos pequenos e simples, obras
tridimensionais de vez em quando,
baseadas em objetos da vida prática —

Mas a análise exigia
tempo demais. De onde tirar
aquele tempo? Essa também
era uma questão.

Ficava deitado ali, observando a janela,
longos intervalos de silêncio se alternavam
com reflexões um tanto apáticas
e perguntas retóricas —

Senti que meu analista me observava.
Na minha fantasia, era como a mãe vendo o filho dormir,
o perdão vem antes da compreensão.

Ou, mais provável, era como meu irmão devia me olhar —
talvez o silêncio entre nós dois prefigurasse
o silêncio de agora, em que as coisas não ditas
são de certo modo compartilhadas. Um enigma.

Then the hour was over.

I descended as I had ascended;
the doorman opened the door.

The mild weather of the day had held.
Above the shops, striped awnings had unfurled
protecting the fruit.

Restaurants, shops, kiosks
with late newspapers and cigarettes.
The insides grew brighter
as the outside grew darker.

Perhaps the drugs were working?
At some point, the streetlights came on.

I felt, suddenly, a sense of cameras beginning to turn;
I was aware of movement around me, my fellow beings
driven by a mindless fetish for action—

How deeply I resisted this!
It seemed to me shallow and false, or perhaps
partial and false—
Whereas truth—well, truth as I saw it
was expressed as stillness.

I walked awhile, staring into the windows of the galleries—
my friends had become famous.

Então, a sessão acabou.

Da forma como subi, desci;
o porteiro abriu a porta.

O clima ainda estava agradável.
Por cima das lojas, os toldos listrados foram estendidos
para proteger as frutas.

Restaurantes, lojas, bancas
com jornais da tarde e cigarros.
Dentro dos lugares ia ficando claro
assim como do lado de fora ia ficando escuro.

Os remédios estariam fazendo efeito?
A certa altura, os postes se acenderam.

De repente, tive uma sensação de câmera girando;
Estava consciente do movimento ao redor, meus semelhantes
com seu fetiche irracional pela ação —

Com todas as forças, eu resisti!
Aquilo tudo me parecia tão raso e falso, ou talvez
incompleto e falso —
Mas por outro lado, a verdade — bom, a verdade para mim
se aproximava de um estado de tranquilidade.

Caminhei um pouco, olhando as vitrines das galerias —
meus amigos agora eram famosos.

*I could hear the river in the background,
from which came the smell of oblivion
interlaced with potted herbs from the restaurants—*

*I had arranged to join an old acquaintance for dinner.
There he was at our accustomed table;
the wine was poured; he was engaged with the waiter,
discussing the lamb.*

*As usual, a small argument erupted over dinner, ostensibly
concerning aesthetics. It was allowed to pass.*

*Outside, the bridge glittered.
Cars rushed back and forth, the river
glittered back, imitating the bridge. Nature
reflecting art: something to that effect.
My friend found the image potent.*

*He was a writer. His many novels, at the time,
were much praised. One was much like another.
And yet his complacency disguised suffering
as perhaps my suffering disguised complacency.
We had known each other many years.*

*Once again, I had accused him of laziness.
Once again, he flung the word back—*

*He raised his glass and turned it upside-down.
This is your purity, he said,*

Ao fundo, o som do rio,
de onde vinha um cheiro de esquecimento
mesclado ao cheiro dos temperos dos restaurantes —

Eu tinha um jantar marcado com um antigo conhecido.
Lá estava ele na nossa mesa de sempre;
o vinho servido; ele perguntava ao garçom
sobre o carneiro do cardápio.

Como de hábito, uma pequena desavença surgiu ao longo
                                    [do jantar,
uma discussão estética. Deixamos passar.

Do lado de fora, a ponte brilhava.
Carros iam e vinham, o rio brilhava
de volta, imitando a ponte. A natureza
reflete a arte: alguma coisa nesse sentido.
Meu amigo achou a imagem forte.

Ele era escritor. Na época, seus romances, que eram muitos,
foram elogiados. Eram todos muito parecidos.
A complacência dele escondia o sofrimento,
assim como meu sofrimento escondia a complacência.
Nos conhecíamos havia muitos anos.

Outra vez, acusei meu amigo de preguiça.
Outra vez, ele me respondeu à altura —

Levantou o copo e virou de ponta-cabeça.
Eis aqui a sua pureza, ele disse,

this is your perfectionism—
The glass was empty; it left no mark on the tablecloth.

The wine had gone to my head.
I walked home slowly, brooding, a little drunk.
The wine had gone to my head, or was it
the night itself, the sweetness at the end of summer?

It is the critics, he said,
the critics have the ideas. We artists
(he included me)—we artists
are just children at our games.

o seu perfeccionismo —
O copo estava vazio; e não deixou marcas sobre a toalha.

O vinho subiu à minha cabeça.
Caminhei para casa devagar, pensativo, um pouco bêbado.
O vinho subiu à minha cabeça, ou foi só
a noite, o doce clima do fim do verão?

Os críticos são assim, ele disse,
os críticos têm ideias. Nós, artistas
(aqui ele me incluiu) — nós, artistas,
somos só crianças com os nossos brinquedos.

Forbidden Music

After the orchestra had been playing for some time, and had passed the andante, the scherzo, the poco adagio, and the first flautist had put his head on the stand because he would not be needed until tomorrow, there came a passage that was called the forbidden music because it could not, the composer specified, be played. And still it must exist and be passed over, an interval at the discretion of the conductor. But tonight, the conductor decides, it must be played—he has a hunger to make his name. The flautist wakes with a start. Something has happened to his ears, something he has never felt before. His sleep is over. Where am I now, he thinks. And then he repeated it, like an old man lying on the floor instead of in his bed. Where am I now?

Música proibida

Depois que a orquestra já estava tocando havia um tempo e já tinha passado o andante, o scherzo, o poco adagio, e o primeiro flautista já estava com a cabeça apoiada no suporte da partitura porque não teria que fazer mais nada até o dia seguinte, aqui chegou a hora de uma passagem que era chamada de música proibida, pois, como especificara o compositor, ela não podia ser tocada. Mesmo assim, deveria existir e ser atravessada, era um intervalo que ficava a critério do maestro. Mas nesta noite, decidiu o maestro, ela deve ser tocada — o que ele queria era ganhar uma reputação. O flautista acordou logo nas primeiras notas. Alguma coisa acontecera com seus ouvidos, alguma coisa que ele nunca tinha sentido antes. Seu cochilo terminou. Onde estou agora, ele se perguntou. E, em seguida, repetiu a pergunta, parecendo um homem de idade deitado no chão em vez de estar na cama. Onde estou agora?

The Open Window

An elderly writer had formed the habit of writing the words THE END *on a piece of paper before he began his stories, after which he would gather a stack of pages, typically thin in winter when the daylight was brief, and comparatively dense in summer when his thought became again loose and associative, expansive like the thought of a young man. Regardless of their number, he would place these blank pages over the last, thus obscuring it. Only then would the story come to him, chaste and refined in winter, more free in summer. By these means he had become an acknowledged master.*

He worked by preference in a room without clocks, trusting the light to tell him when the day was finished. In summer, he liked the window open. How then, in summer, did the winter wind enter the room? You are right, he cried out to the wind, this is what I have lacked, this decisiveness and abruptness, this surprise—O, if I could do this I would be a god! And he lay on the cold floor of the study watching the wind stirring the pages, mixing the written and unwritten, the end among them.

A janela aberta

Um escritor já de certa idade tinha o hábito de escrever a palavra *FIM* num pedaço de papel antes de começar suas histórias, depois ele juntava uma pilha de folhas, em geral mais fininha no inverno, quando a luz do dia era pouca, e em contraste mais grossa no verão, quando seu pensamento ficava outra vez mais solto e associativo, expansivo como o pensamento de um jovem. Com uma ou outra quantidade de folhas, ele colocava as páginas em branco por cima da última, escondendo-a. Só assim a história vinha até ele, mais pura e refinada no inverno, mais livre no verão. Dessa forma, ele tinha se tornado um mestre consagrado.

Ele trabalhava de preferência num quarto sem nenhum relógio, acreditando que pela luz poderia saber quando terminava o dia. No verão, gostava de deixar a janela aberta. Mas como será que, no verão, o vento do inverno tinha entrado no quarto? Você tem razão, gritou ele para o vento, era justo o que faltava, essa determinação, essa brusquidão, esse elemento surpresa — ora, se eu puder fazer isso serei um deus! E então ele se deitou no chão frio do escritório vendo o vento levando as páginas e misturando o escrito com o não escrito, o fim perdido no meio de tudo.

The Melancholy Assistant

*I had an assistant, but he was melancholy,
so melancholy it interfered with his duties.
He was to open my letters, which were few,
and answer those that required answers,
leaving a space at the bottom for my signature.
And under my signature, his own initials,
in which formality, at the outset, he took great pride.
When the phone rang, he was to say
his employer was at the moment occupied,
and offer to convey a message.*

*After several months, he came to me.
Master, he said (which was his name for me),
I have become useless to you; you must turn me out.
And I saw that he had packed his bags
and was prepared to go, though it was night
and the snow was falling. My heart went out to him.
Well, I said, if you cannot perform these few duties,
what can you do? And he pointed to his eyes,
which were full of tears. I can weep, he said.
Then you must weep for me, I told him,
as Christ wept for mankind.*

*Still he was hesitant.
Your life is enviable, he said;*

O assistente melancólico

Eu tinha um assistente, mas ele era melancólico,
tão melancólico que isso comprometia suas tarefas.
Seu trabalho era abrir minhas cartas, poucas,
e responder às que pediam resposta,
deixando no fim um espaço para eu assinar.
Debaixo da minha assinatura, as iniciais dele,
formalidade que desde o início o enchia de orgulho.
Quando o telefone tocava, deveria dizer
que o chefe estava ocupado no momento
e perguntar se queriam deixar um recado.

Depois de vários meses, veio falar comigo.
Mestre, disse (era como me chamava),
já não sirvo para você; me mande embora.
Vi que tinha arrumado as malas,
estava pronto para partir, apesar de ser noite
e de estar nevando. Senti pena dele.
Bom, eu disse, se você não dá conta do mínimo,
o que sabe fazer? Ele apontou para os olhos,
que estavam cheios de lágrimas. Sei chorar, disse.
Então você pode chorar por mim, falei,
como Cristo, que chorou pela humanidade.

Ainda assim, ele ficou hesitante.
Sua vida é invejável, disse;

what must I think of when I cry?
And I told him of the emptiness of my days,
and of time, which was running out,
and of the meaninglessness of my achievement,

and as I spoke I had the odd sensation
of once more feeling something
for another human being—

He stood completely still.
I had lit a small fire in the fireplace;
I remember hearing the contented murmurs of the dying logs—

Master, he said, you have given
meaning to my suffering.

It was a strange moment.
The whole exchange seemed both deeply fraudulent
and profoundly true, as though such words as emptiness and
                                        [*meaninglessness*
had stimulated some remembered emotion
which now attached itself to this occasion and person.

His face was radiant. His tears glinted
red and gold in the firelight.
Then he was gone.

Outside the snow was falling,
the landscape changing into a series
of bland generalizations

no que devo pensar, quando for chorar?
E falei para ele sobre o vazio dos meus dias,
e sobre o meu tempo, que estava acabando,
e sobre a falta de sentido das minhas conquistas,

e ao falar tive uma sensação esquisita
de estar outra vez sentindo alguma coisa
por outro ser humano —

Ele ficou em pé sem se mexer.
Eu tinha acabado de acender a lareira;
Lembro de ouvir o som alegre da lenha estalando —

Mestre, ele disse, você deu
sentido ao meu sofrimento.

Foi um momento estranho.
A conversa parecia bastante desonesta e ao mesmo tempo
profundamente verdadeira, como se as expressões vazio e
                              [falta de sentido
tivessem despertado certa emoção na memória
que agora remetiam a esta circunstância e pessoa.

O rosto dele estava radiante. As lágrimas cintilavam
vermelhas e douradas com a luz do fogo.
Então ele foi embora.

Do lado de fora a neve caía,
a paisagem se transformava numa série
de generalizações sem graça

*marked here and there with enigmatic
shapes where the snow had drifted.
The street was white, the various trees were white—
Changes of the surface, but is that not really
all we ever see?*

marcada de vez em quando por formas
enigmáticas justo onde havia neve acumulada.
A rua estava branca, as árvores estavam brancas —
Superfícies que se transformam, mas não é exatamente isso
o que vemos o tempo todo na vida?

A Foreshortened Journey

I found the stairs somewhat more difficult than I had expected and so I sat down, so to speak, in the middle of the journey. Because there was a large window opposite the railing, I was able to entertain myself with the little dramas and comedies of the street outside, though no one I knew passed by, no one, certainly, who could have assisted me. Nor were the stairs themselves in use, as far as I could see. You must get up, my lad, I told myself. Since this seemed suddenly impossible, I did the next best thing: I prepared to sleep, my head and arms on the stair above, my body crouched below. Sometime after this, a little girl appeared at the top of the staircase, holding the hand of an elderly woman. Grandmother, cried the little girl, there is a dead man on the staircase! We must let him sleep, said the grandmother. We must walk quietly by. He is at that point in life at which neither returning to the beginning nor advancing to the end seems bearable; therefore, he has decided to stop, here, in the midst of things, though this makes him an obstacle to others, such as ourselves. But we must not give up hope; in my own life, she continued, there was such a time, though that was long ago. And here, she let her granddaughter walk in front of her so they could pass me without disturbing me.

Uma viagem abreviada

Subir a escada acabou sendo mais difícil do que eu esperava, então me sentei, por assim dizer, no meio da viagem. Como havia uma enorme janela diante do corrimão, acabei me distraindo com os pequenos dramas e comédias do lado de fora, na rua, embora nenhum conhecido meu tenha passado por lá, ninguém que pudesse me ajudar. Nem as escadas estavam sendo usadas, pelo menos que eu tenha visto. Você tem que se levantar, meu jovem, eu disse para mim mesmo. Como de repente me pareceu impossível, optei pela segunda melhor solução: me acomodei para dormir, cabeça e braços nos degraus de cima, o corpo agachado na parte de baixo. Um tempo depois, apareceu no alto da escada uma garotinha de mãos dadas com uma mulher de idade. Vovó, gritou ela, tem um homem morto na escada! Vamos deixar o pobre homem dormir em paz, disse a avó. Vamos passar sem fazer barulho. Ele está numa altura da vida em que não parece suportável voltar para o começo nem avançar para o fim; por isso, decidiu parar aqui, bem no meio, mesmo que se transforme num obstáculo para os outros, como agora, para nós. Mas não vamos perder a esperança; eu mesma já passei por isso na vida, foi há muito, muito tempo, ela contou. E, nesse momento, deixou a neta ir na frente de modo a poder passar por mim sem me incomodar.

I would have liked to hear the whole of her story, since she seemed, as she passed by, a vigorous woman, ready to take pleasure in life, and at the same time forthright, without illusions. But soon their voices faded into whispers, or they were far away. Will we see him when we return, the child murmured. He will be long gone by then, said her grandmother, he will have finished climbing up or down, as the case may be. Then I will say goodbye now, said the little girl. And she knelt below me, chanting a prayer I recognized as the Hebrew prayer for the dead. Sir, she whispered, my grandmother tells me you are not dead, but I thought perhaps this would soothe you in your terrors, and I will not be here to sing it at the right time.

When you hear this again, she said, perhaps the words will be less intimidating, if you remember how you first heard them, in the voice of a little girl.

Queria ter ouvido a história toda, já que, ao passar por mim, ela aparentava ser uma mulher forte, pronta para desfrutar dos prazeres da vida e, ao mesmo tempo, direta, sem ilusões. Mas logo as vozes das duas foram virando sussurros, ou elas já estavam bem longe. Será que ele estará aqui quando voltarmos?, murmurou a criança. Não, nessa hora já terá ido embora, respondeu a avó, terá terminado de subir ou descer a escada, dependendo do que estiver fazendo. Acho que vou me despedir agora, então, disse a garotinha. Ela se ajoelhou abaixo de mim e cantou uma oração que reconheci, era uma oração hebraica para os mortos. Oi, ela sussurrou, minha avó contou que o senhor não está morto, então achei que essa oração poderia aliviar seus medos, e eu não vou estar aqui para cantá-la na hora certa.

Quando você ouvir esse canto de novo, talvez as palavras sejam menos assustadoras se você se lembrar de que o ouviu pela primeira vez na voz de uma garotinha.

Approach of the Horizon

*One morning I awoke unable to move my right arm.
I had, periodically, suffered from considerable
pain on that side, in my painting arm,
but in this instance there was no pain.
Indeed, there was no feeling.*

*My doctor arrived within the hour.
There was immediately the question of other doctors,
various tests, procedures—
I sent the doctor away
and instead hired the secretary who transcribes these notes,
whose skills, I am assured, are adequate to my needs.
He sits beside the bed with his head down,
possibly to avoid being described.*

*So we begin. There is a sense
of gaiety in the air,
as though birds were singing.
Through the open window come gusts of sweet scented air.*

*My birthday (I remember) is fast approaching.
Perhaps the two great moments will collide
and I will see my selves meet, coming and going—*

Mais perto do horizonte

Certa manhã, acordei sem conseguir mexer o braço direito.
De vez em quando, sentia uma dor aguda
daquele lado, no braço que eu usava para pintar,
mas dessa vez não havia dor.
Na verdade, não sentia nada.

Em uma hora, o médico chegou.
Sem demora, perguntou sobre outros médicos,
vários exames e procedimentos —
Mandei o médico embora.
No lugar dele, contratei o secretário que transcreve estas notas,
cuja habilidade, me pareceu, se adequava ao que eu
                                            [precisava.
Ele está sentado ao lado da cama com a cabeça baixa,
talvez para evitar que eu o descreva.

Assim começamos. No ar, sinto
um clima alegre,
de pássaros cantando.
Pela janela aberta entram lufadas de um perfume adocicado.

Meu aniversário (eu lembro) está quase chegando.
Talvez os dois grandes momentos se choquem
e eu veja o encontro dos meus dois *eus*, um chegando e o
                                          [outro partindo —

*Of course, much of my original self
is already dead, so a ghost would be forced
to embrace a mutilation.*

*The sky, alas, is still far away,
not really visible from the bed.
It exists now as a remote hypothesis,
a place of freedom utterly unconstrained by reality.
I find myself imagining the triumphs of old age,
immaculate, visionary drawings
made with my left hand—
"left," also, as "remaining."*

*The window is closed. Silence again, multiplied.
And in my right arm, all feeling departed.
As when the stewardess announces the conclusion
of the audio portion of one's in-flight service.*

Feeling has departed—*it occurs to me
this would make a fine headstone.*

*But I was wrong to suggest
this has occurred before.
In fact, I have been hounded by feeling;
it is the gift of expression
that has so often failed me.
Failed me, tormented me, virtually all my life.*

*The secretary lifts his head,
filled with the abstract deference*

É claro que um pedaço do meu *eu* original
já está morto, de modo que um fantasma será obrigado a
acolher a parte mutilada.

O céu ainda está longe, longe,
não dá pra ver direito da cama.
Agora é só uma hipótese remota,
lugar de liberdade apartado do real.
Fico pensando nas vantagens da idade,
a linha impecável e visionária
desenhada com a minha mão esquerda —
"esquerda", também conhecida como "a que resta".

A janela está fechada. Silêncio outra vez, multiplicado.
No meu braço direito, toda sensibilidade partiu.
Parece quando a aeromoça avisa que terminou
as instruções do serviço de bordo.

A sensibilidade partiu — pensei que
daria um ótimo epitáfio.

Mas me enganei ao sugerir
que já passei por isso antes.
A sensibilidade sempre me perseguiu;
dom da expressão, ela
tantas vezes me deixou na mão.
Me deixou na mão, me torturou por toda a minha vida.

O secretário levanta a cabeça,
tomado por uma deferência abstrata

the approach of death inspires.
It cannot help, really, but be thrilling,
this emerging of shape from chaos.

A machine, I see, has been installed by my bed
to inform my visitors
of my progress toward the horizon.

My own gaze keeps drifting toward it,
the unstable line gently
ascending, descending,
like a human voice in a lullaby.

And then the voice grows still.
At which point my soul will have merged
with the infinite, which is represented
by a straight line,
like a minus sign.

I have no heirs
in the sense that I have nothing of substance
to leave behind.
Possibly time will revise this disappointment.
Those who know me well will find no news here;
I sympathize. Those to whom
I am bound by affection
will forgive, I hope, the distortions
compelled by the occasion.

trazida pela proximidade da morte.
Não se pode lutar contra, apenas se comover,
quando uma forma desponta a partir do caos.

Instalaram, ao lado da cama, um tipo de máquina
que informa às visitas
sobre os meus avanços na direção do horizonte.

Eu próprio não tiro os olhos dela,
a linha instável vai lenta
sobe, desce,
parece uma voz que entoa um acalanto.

Até que a voz vai ficar parada.
Então, minha alma vai se fundir
com o infinito, representado aqui
pela linha reta,
como um sinal de menos.

Não tenho herdeiros
no sentido de não ter nada substancial
para deixar.
O tempo vai corrigir essa desilusão.
Aos que me conhecem bem, não há novidade;
me solidarizo com todos. Com os que
tenho um elo afetivo,
esses vão perdoar, espero, as distorções
que a situação vier a provocar.

*I will be brief. This concludes,
as the stewardess says,
our short flight.*

*And all the persons one will never know
crowd into the aisle, and all are funneled
into the terminal.*

Serei breve. Aqui chega ao fim,
diz a aeromoça,
o nosso curto voo.

E todas as pessoas que nunca vamos conhecer,
aglomeradas no corredor, vão se afunilando
para dentro do terminal.

The White Series

One day continuously followed another.
Winter passed. The Christmas lights came down
together with the shabby stars
strung across the various shopping streets.
Flower carts appeared on the wet pavements,
the metal pails filled with quince and anemones.

The end came and went.
Or should I say, at intervals the end approached;
I passed through it like a plane passing through a cloud.
On the other side, the vacant sign still glowed above the lavatory.

My aunt died. My brother moved to America.

On my wrist, the watch face glistened in the false darkness
(the movie was being shown).
This was its special feature, a kind of bluish throbbing
which made the numbers easy to read, even in the absence of light.
Princely, I always thought.

A série branca

Os dias se sucediam sem fim.
O inverno avançou. As luzes de Natal foram apagando
ao lado de estrelas em farrapos
penduradas nas feirinhas de rua.
Carrinhos de flores surgiam sobre as calçadas úmidas,
baldes de metal cheios de marmelo e anêmonas.

O fim ia e vinha.
Ou melhor, de vez em quando, o fim chegava bem perto;
Passei por ele como um avião passa por dentro de uma
[nuvem.
Do outro lado, o aviso de livre seguia aceso em cima do
[banheiro.

Minha tia morreu. Meu irmão se mudou para os Estados
[Unidos.

No meu pulso, o visor do relógio brilhava na penumbra
(estavam projetando o filme).
Era um relógio com um recurso especial, um tipo de pulsar
[azulado
que facilitava a leitura dos números, mesmo sem luz
[alguma.
Sempre achei incrível.

*And yet the serene transit of the hour hand
no longer represented my perception of time
which had become a sense of immobility
expressed as movement across vast distances.*

*The hand moved;
the twelve, as I watched, became the one again.*

*Whereas time was now this environment in which
I was contained with my fellow passengers,
as the infant is contained in his sturdy crib
or, to stretch the point, as the unborn child
wallows in his mother's womb.*

*Outside the womb, the earth had fallen away;
I could see flares of lightning striking the wing.*

*When my funds were gone,
I went to live for a while
in a small house on my brother's land
in the state of Montana.*

*I arrived in darkness;
at the airport, my bags were lost.*

*It seemed to me I had moved
not horizontally but rather from a very low place
to something very high,
perhaps still in the air.*

Porém, a lenta passagem do ponteiro das horas
não condizia mais com minha percepção do tempo
que agora se expressava como paralisia
no meio de um deslocamento entre grandes distâncias.

O ponteiro se mexeu;
eu olhei justo na hora em que o doze virou um de novo.

Mas agora o tempo era este lugar que me
mantinha preso com os outros passageiros,
assim como o bebê dentro de um grande berço
ou, indo além, como um bebê que ainda não nasceu
nadando no útero da mãe.

Do lado de fora do útero, a terra ia se afastando;
Viam-se clarões de relâmpago batendo na asa.

Quando meu dinheiro acabou,
fui morar por um tempo
numa casinha dentro do terreno do meu irmão
no estado de Montana.

Cheguei no maior breu;
no aeroporto, perderam minhas malas.

Tive a impressão de ter me deslocado
não na horizontal, mas de um lugar muito baixo
para outro muito alto,
talvez ainda no céu.

Indeed, Montana was like the moon—
My brother drove confidently over the icy road,
from time to time stopping to point out
some rare formation.

We were, in the main, silent.
It came to me we had resumed
the arrangements of childhood,
our legs touching, the steering wheel
now substituting for the book.

And yet, in the deepest sense, they were interchangeable:
had not my brother always been steering,
both himself and me, out of our bleak bedroom
into a night of rocks and lakes
punctuated with swords sticking up here and there—

The sky was black. The earth was white and cold.

I watched the night fading. Above the white snow
the sun rose, turning the snow a strange pinkish color.

Then we arrived.
We stood awhile in the cold hall, waiting for the heat to start.
My brother wrote down my list of groceries.
Across my brother's face,
waves of sadness alternated with waves of joy.

E Montana era mesmo como a lua —
Meu irmão dirigiu confiante pela estrada congelada,
de vez em quando parava e mostrava
alguma rara formação.

Por quase todo o trajeto, ficamos em silêncio.
A sensação era de recuperarmos
uma configuração da nossa infância:
as pernas encostadas, o volante
agora substituía o livro.

Num sentido mais fundo, os elementos eram permutáveis:
será que meu irmão não esteve mesmo sempre dirigindo,
conduzindo nós dois para fora do quarto sombrio
na direção de uma noite cheia de pedras e lagos,
com algumas espadas erguidas aqui e ali —

O céu estava negro. A terra, branca e fria.

Vi a noite se dissipar. O sol raiou por cima da
neve branca, dando a ela um estranho tom rosado.

Até que chegamos.
Ficamos parados no corredor frio, esperando o aquecedor ligar.
Meu irmão fez uma lista de compras.
No rosto dele,
ondas de tristeza se alternavam com ondas de alegria.

*I thought, of course, of the house in Cornwall.
The cows, the monotonous summery music of the bells—*

*I felt, as you will guess, an instant of stark terror.
And then I was alone.
The next day, my bags arrived.*

*I unpacked my few belongings.
The photograph of my parents on their wedding day
to which was now added
a photograph of my aunt in her aborted youth, a souvenir
she had cherished and passed on to me.*

*Beyond these, only toiletries and medications,
together with my small collection of winter clothes.*

*My brother brought me books and journals.
He taught me various new world skills
for which I would soon have no use.*

*And yet this was to me the new world:
there was nothing, and nothing was supposed to happen.
The snow fell. Certain afternoons,
I gave drawing lessons to my brother's wife.*

At some point, I began to paint again.

*It was impossible to form
any judgment of the work's value.*

Lembrei, é claro, da casa na Cornualha.
As vacas, a monótona música dos sinos no verão —

Vocês podem imaginar como fiquei apavorado.
Depois, estava sozinho.
No dia seguinte, minhas malas chegaram.

Arrumei meus poucos pertences.
Uma foto dos meus pais no dia do casamento
lado a lado com
uma foto da minha tia da época de sua juventude perdida,
                                        [lembrança
que ela tanto amava e tinha me dado de presente.

Fora isso, produtos de higiene, remédios
e minha parca coleção de roupas de frio.

Meu irmão me trouxe livros e jornais.
E me ensinou novas ferramentas para estar no mundo,
mas logo nenhuma delas teria uso para mim.

No entanto, o novo mundo para mim era este:
não havia nada e nada deveria acontecer.
Nevava. Algumas tardes,
eu dava aulas de desenho para a mulher do meu irmão.

Em algum momento, voltei a pintar.

Era impossível para mim
avaliar as obras.

*Suffice to say the paintings were
immense and entirely white. The paint had been
applied thickly, in great irregular strokes—*

*Fields of white and glimpses, flashes
of blue, the blue of the western sky,
or what I called to myself
watch-face blue. It spoke to me of another world.*

*I have led my people, it said,
into the wilderness
where they will be purified.*

*My brother's wife would stand mesmerized.
Sometimes my nephew came
(he would soon become my life companion).
I see, she would say, the face of a child.*

*She meant, I think, that feelings emanated from the surface,
feelings of helplessness or desolation—*

*Outside, the snow was falling.
I had been, I felt, accepted into its stillness.
And at the same time, each stroke was a decision,
not a conscious decision, but a decision nevertheless,
as when, for example, the murderer pulls the trigger.*

Basta dizer que eram pinturas
imensas e totalmente brancas. A tinta era
aplicada em camadas espessas, grandes pinceladas
                              [irregulares —

Pedaços brancos e alguns vestígios, clarões
de azul, o azul do céu no oeste,
ou o azul que eu gostava de chamar de
visor do relógio. Ele me falava sobre um outro mundo.

Conduzi o meu povo, dizia ele,
para uma terra erma
onde todos serão purificados.

A mulher do meu irmão ficava olhando hipnotizada.
Às vezes meu sobrinho vinha
(logo ele seria minha grande companhia).
Estou vendo aqui, ela dizia, o rosto de uma criança.

Acho que se referia aos sentimentos que emanavam da
                                        [superfície
da tela, sentimentos de desamparo ou solidão —

Do lado de fora, a neve caía.
Eu me sentia dominado pela sua tranquilidade.
Ao mesmo tempo, cada pincelada era decisiva,
não de forma consciente, mas ainda assim decisiva,
como, por exemplo, quando um assassino aperta o gatilho.

This, he is saying. This is what I mean to do.
Or perhaps, what I need to do.
Or, this is all I can do.
Here, I believe, the analogy ends
in a welter of moral judgments.

Afterward, I expect, he remembers nothing.
In the same way, I cannot say exactly
how these paintings came into being, though in the end
there were many of them, difficult to ship home.

When I returned, Harry was with me.
He is, I believe, a gentle boy
with a taste for domesticity.
In fact, he has taught himself to cook
despite the pressures of his academic schedule.

We suit each other. Often he sings as he goes about his work.
So my mother sang (or, more likely, so my aunt reported).
I request, often, some particular song to which I am attached,
and he goes about learning it. He is, as I say,
an obliging boy. The hills are alive, he sings,
over and over. And sometimes, in my darker moods,
the Jacques Brel which has haunted me.

The little cat is dead, meaning, I suppose,
one's last hope.

É isso aqui, ele diz. É isso que eu pretendo fazer.
Ou talvez, o que preciso fazer.
Ou: isso é tudo que posso fazer.
Acho que a analogia termina
num emaranhado de julgamentos morais.

Imagino que depois ele já não se lembre de nada.
Eu tampouco saberia dizer como essas pinturas
tomaram forma exatamente, mesmo que no fim
elas fossem tantas, difícil até enviar tudo para casa.

Quando voltei, Harry veio comigo.
Acho que ele é um rapaz tranquilo
que aprecia a vida doméstica.
De fato aprendeu a cozinhar,
apesar dos seus compromissos na universidade.

Nos adaptamos um ao outro. Ele gosta de cantar enquanto
                                                            [trabalha.
Também minha mãe cantava (pelo menos foi o que minha
                                                                [tia contou).
Com frequência peço que ele cante uma ou outra música,
e ele vai lá e aprende. Como eu digo, Harry é muito
atencioso. As montanhas estão vivas, ele canta,
ele canta sem parar. E às vezes, quando meu humor está sombrio,
o Jacques Brel que sempre me persegue.

O gatinho morreu, acho que ele está falando
sobre a última esperança.

The cat is dead, Harry sings,
he will be pointless without his body.
In Harry's voice, it is deeply soothing.

Sometimes his voice shakes, as with great emotion,
and then for a while the hills are alive overwhelms
the cat is dead.

But we do not, in the main, need to choose between them.

Still, the darker songs inspire him; each verse acquires variations.

The cat is dead: who will press, now,
his heart over my heart to warm me?

The end of hope, I think it means,
and yet in Harry's voice it seems a great door is swinging open—

The snow-covered cat disappears in the high branches;
O what will I see when I follow?

O gatinho morreu, canta Harry,
agora sem seu corpo tudo é em vão.
Na voz de Harry, os versos são mais brandos.

A voz dele treme de vez em quando, tomada por grande emoção,
e por um instante as montanhas vivas superam
o gatinho morto.

Mas não há motivo para escolher só um dos caminhos.

As músicas sombrias o inspiram mais; cada verso ganha
                                            [variações.

O gato morreu: quem vai, agora, apertar
o coração dele contra o meu, e me aquecer?

A esperança acabou, acho que é o sentido,
mesmo que na voz de Harry pareça uma porta se abrindo —

O gato coberto de neve desaparece nos galhos mais altos;
O que vou descobrir quando for atrás dele?

The Horse and Rider

Once there was a horse, and on the horse there was a rider. How handsome they looked in the autumn sunlight, approaching a strange city! People thronged the streets or called from the high windows. Old women sat among flowerpots. But when you looked about for another horse or another rider, you looked in vain. My friend, said the animal, why not abandon me? Alone, you can find your way here. But to abandon you, said the other, would be to leave a part of myself behind, and how can I do that when I do not know which part you are?

O cavalo e o cavaleiro

Era uma vez um cavalo, e sobre o cavalo um cavaleiro. Como eram bonitos os dois sob a luz do outono, aproximando-se de uma cidade desconhecida! As pessoas se amontoavam nas ruas ou gritavam do alto das janelas. Senhoras sentadas em meio a vasos de flores. Mas se você procurasse por outro cavalo ou outro cavaleiro, seria em vão. Meu amigo, disse o bicho, por que você não me abandona? Sozinho, você poderá encontrar seu caminho. Mas é que abandonar você, disse o outro, seria deixar para trás um pedaço de mim, e como poderia fazer isso se não sei qual parte de mim é você?

A Work of Fiction

As I turned over the last page, after many nights, a wave of sorrow enveloped me. Where had they all gone, these people who had seemed so real? To distract myself, I walked out into the night; instinctively, I lit a cigarette. In the dark, the cigarette lowed, like a fire lit by a survivor. But who would see this light, this small dot among the infinite stars? I stood awhile in the dark, the cigarette glowing and growing small, each breath patiently destroying me. How small it was, how brief. Brief, brief, but inside me now, which the stars could never be.

Uma obra de ficção

Quando virei a última página, depois de muitas noites, uma onda de tristeza me envolveu. Onde estavam todas aquelas pessoas que pareciam tão reais? Para desanuviar, saí para dar uma volta na noite; instintivamente, acendi um cigarro. No escuro, o brilho do cigarro parecia um fogo aceso por um sobrevivente. Mas quem poderia ver essa luz, esse pontinho no meio de infinitas estrelas? Parei por um tempo no escuro, o cigarro uma brasa que brilhava e reduzia de tamanho, cada tragada me destruía um pouco mais. Ela era tão pequena e tão breve. Breve, bem breve, mas agora estava aqui dentro, onde as estrelas jamais poderiam estar.

The Story of a Day

1.
I was awakened this morning as usual
by the narrow bars of light coming through the blinds
so that my first thought was that the nature of light
was incompleteness—

I pictured the light as it existed before the blinds stopped it—
how thwarted it must be, like a mind
dulled by too many drugs.

2.
I soon found myself
at my narrow table; to my right,
the remains of a small meal.

Language was filling my head, wild exhilaration
alternated with profound despair—

But if the essence of time is change,
how can anything become nothing?
This was the question I asked myself.

3.
Long into the night I sat brooding at my table
until my head was so heavy and empty

A história de um dia

1.
Esta manhã fui acordado como sempre
pelos riscos de luz entrando através das persianas
de modo que a primeira coisa que me ocorreu foi
que a natureza da luz era a incompletude —

Imaginei o estado da luz antes de ser barrada pelas
                                        [persianas —
deve ser tão incômodo esse corte, como ficar
entorpecido por muitas drogas.

2.
Logo me sentei
na minha pequena mesa; à direita,
os restos de uma rápida refeição.

Minha cabeça estava tomada pela linguagem,
ora euforia descontrolada, ora um desespero intenso —

Mas se a essência do tempo é ser mutável,
como pode uma coisa se transformar em nada?
Foi a pergunta que me fiz.

3.
Fiquei ruminando noite adentro diante da mesa
até que minha cabeça ficou tão pesada e vazia

I was compelled to lie down.
But I did not lie down. Instead, I rested my head on my arms
which I had crossed in front of me on the bare wood.
Like a fledgling in a nest, my head
lay on my arms.

It was the dry season.
I heard the clock tolling, three, then four—

I began at this point to pace the room
and shortly afterward the streets outside
whose turns and windings were familiar to me
from nights like this. Around and around I walked,
instinctively imitating the hands of the clock.
My shoes, when I looked down, were covered with dust.

By now the moon and stars had faded.
But the clock was still glowing in the church tower—

4.
Thus I returned home.
I stood a long time
on the stoop where the stairs ended,
refusing to unlock the door.

The sun was rising.
The air had become heavy,
not because it had greater substance
but because there was nothing left to breathe.

que fui forçado a ir deitar.
Mas não fui. Em vez disso, descansei a cabeça sobre os
                                                    [braços
que cruzei à minha frente em cima da madeira.
Como um passarinho no ninho, minha cabeça
aninhada nos meus braços.

Era época de clima seco.
Ouvi o relógio dando as horas, três, depois quatro —

Nesse momento comecei a andar pelo quarto
de um lado pro outro e depois saí à rua
com suas esquinas e curvas já tão familiares
por causa de noites como esta. Fiquei andando em círculos,
imitando, por instinto, os ponteiros do relógio.
Ao olhar para baixo, vi meus sapatos cobertos de terra.

Agora a lua e as estrelas iam se apagando.
Mas o relógio ainda brilhava na torre da igreja —

4.
Foi quando voltei para casa.
Fiquei um bom tempo em pé
no alto da escada,
me recusando a entrar.

O sol estava nascendo.
O ar tinha se tornado pesado,
não por estar mais denso
mas por não ter restado nada para respirar.

I closed my eyes.
I was torn between a structure of oppositions
and a narrative structure—

5.
The room was as I left it.
There was the bed in the corner.
There was the table under the window.

There was the light battering itself against the window
until I raised the blinds
at which point it was redistributed
as flickering among the shade trees.

Fechei os olhos.
Estava dilacerado entre uma estrutura de oposições
e uma estrutura narrativa —

5.
O quarto ficou como eu havia deixado.
De um lado, a cama.
Debaixo da janela, a mesa.

A luz batia na janela
até que ergui as persianas
e ela se distribuiu outra vez
como se tremulasse entre as sombras das árvores.

A Summer Garden

1.
Several weeks ago I discovered a photograph of my mother
sitting in the sun, her face flushed as with achievement or triumph.
The sun was shining. The dogs
were sleeping at her feet where time was also sleeping,
calm and unmoving as in all photographs.

I wiped the dust from my mother's face.
Indeed, dust covered everything; it seemed to me the persistent
haze of nostalgia that protects all relics of childhood.
In the background, an assortment of park furniture, trees, and
[shrubbery.

The sun moved lower in the sky, the shadows lengthened and
[darkened.
The more dust I removed, the more these shadows grew.
Summer arrived. The children
leaned over the rose border, their shadows
merging with the shadows of the roses.

A word came into my head, referring
to this shifting and changing, these erasures
that were now obvious—

Um jardim de verão

1.
Há algumas semanas, achei uma foto de minha mãe sentada
ao sol, o rosto corado, talvez por algum grande feito.
O sol brilhava. Os cachorros
dormiam aos pés dela onde o tempo também dormia,
calmo e imóvel como em todas as fotografias.

Limpei a poeira de cima do rosto de minha mãe.
Poeira, poeira que cobria tudo; parecia mais a névoa
⠀⠀⠀⠀⠀⠀⠀⠀⠀⠀⠀⠀⠀⠀⠀⠀[implacável
da nostalgia que protege as relíquias da infância.
Ao fundo da imagem, vários móveis de jardim, árvores e
⠀⠀⠀⠀⠀⠀⠀⠀⠀⠀⠀⠀⠀⠀⠀⠀⠀⠀⠀[arbustos.

O sol ia caindo no céu, as sombras se alongavam e
⠀⠀⠀⠀⠀⠀⠀⠀⠀⠀⠀⠀⠀⠀⠀⠀⠀[escureciam.
Quanto mais poeira eu limpava, mais as sombras cresciam.
Chegou o verão. As crianças
se inclinavam sobre o canteiro das rosas, suas sombras
se misturavam com as sombras das rosas.

Uma palavra me veio à cabeça, algo
que dizia respeito à transformação e a mudança, a esses
⠀⠀⠀⠀⠀⠀⠀⠀⠀⠀⠀⠀⠀⠀⠀⠀[apagamentos
agora tão óbvios —

it appeared, and as quickly vanished.
Was it blindness or darkness, peril, confusion?

Summer arrived, then autumn. The leaves turning,
the children bright spots in a mash of bronze and sienna.

ela surgiu e na mesma toada desapareceu.
Seria cegueira ou escuridão, perigo, confusão?

Chegou o verão e depois o outono. As folhas mudavam de cor,
as crianças — pontos luminosos sobre fundo de bronze e
[ferrugem.

2.
When I had recovered somewhat from these events,
I replaced the photograph as I had found it
between the pages of an ancient paperback,
many parts of which had been
annotated in the margins, sometimes in words but more often
in spirited questions and exclamations
meaning "I agree" or "I'm unsure, puzzled"—

The ink was faded. Here and there I couldn't tell
what thoughts occurred to the reader
but through the blotches I could sense
urgency, as though tears had fallen.

I held the book awhile.
It was Death in Venice *(in translation);*
I had noted the page in case, as Freud believed,
nothing is an accident.

Thus the little photograph
was buried again, as the past is buried in the future.
In the margin there were two words,
linked by an arrow: "sterility" and, down the page, "oblivion"—

"And it seemed to him the pale and lovely
Summoner out there smiled at him and beckoned..."

2.
Quando me recuperei um pouco desse episódio,
guardei a foto de volta onde a havia encontrado
entre as páginas de um antigo livro de bolso
que trazia em suas margens
anotações diversas, às vezes palavras soltas, mas no geral
perguntas enérgicas e exclamações:
"Sim!" ou "Será? Estou confusa" —

A tinta da caneta estava bem fraca. Não saberia dizer
o que a leitora tinha pensado em alguns pontos,
mas pelas marcas dava para sentir
certa urgência, como se vertesse lágrimas.

Segurei o livro por um instante.
Era *Morte em Veneza* (uma tradução);
Deixei marcada a página, pensando que as coisas (como
                                               [dizia Freud)
podiam não ser um mero acaso.

Aqui enterrei outra vez
a pequena fotografia, o passado enterrado no futuro.
À margem, duas palavras,
ligadas por uma seta: "árido" e, embaixo, "esquecimento" —

"E pareceu-lhe que o pálido e amável
Oficial de justiça lhe sorria de longe e acenava…"

3.
How quiet the garden is;
no breeze ruffles the Cornelian cherry.
Summer has come.

How quiet it is
now that life has triumphed. The rough

pillars of the sycamores
support the immobile
shelves of the foliage,

the lawn beneath
lush, iridescent—

And in the middle of the sky,
the immodest god.

Things are, he says. They are, they do not change;
response does not change.

How hushed it is, the stage
as well as the audience; it seems
breathing is an intrusion.

3.
O jardim está tão calmo;
nenhuma brisa balança os arbustos na Cornualha.
Chegou o verão.

Está tão calmo
agora que a vida resplandeceu. As colunas

ásperas dos sicômoros
sustentam as imóveis
prateleiras da vegetação,

o gramado embaixo
exuberante, iridescente —

E no meio do céu,
o deus insolente.

As coisas são, diz ele. Elas são, não mudam;
a resposta não muda.

Tudo está tão quieto, tanto o palco
quanto o público; a respiração
parece invasiva.

He must be very close,
the grass is shadowless.

How quiet it is, how silent,
like an afternoon in Pompeii.

Ele deve estar muito perto,
não há sequer sombra na grama.

Está tão tranquilo aqui, tão silencioso,
parece uma tarde em Pompeia.

4.
Mother died last night,
Mother who never dies.

Winter was in the air,
many months away
but in the air nevertheless.

It was the tenth of May.
Hyacinth and apple blossom
bloomed in the back garden.

We could hear
Maria singing songs from Czechoslovakia—

How alone I am—
songs of that kind.

How alone I am,
no mother, no father—
my brain seems so empty without them.

Aromas drifted out of the earth;
the dishes were in the sink,
rinsed but not stacked.

4.
A mãe morreu ontem à noite,
a mãe que nunca morre.

O inverno estava no ar,
a muitos meses daqui,
mas mesmo assim no ar.

Era dia dez de maio.
Flores de jacinto e de maçã
se abriam no quintal.

Dava para ouvir
Maria cantando músicas da Tchecoslováquia.

Estou tão sozinha —
músicas do tipo.

Estou tão sozinha
sem pai nem mãe —
sinto um vazio à tardinha .

A terra soltando seus aromas;
a louça lavada
na pia, mas ainda por guardar.

*Under the full moon
Maria was folding the washing;
the stiff sheets became
dry white rectangles of moonlight.*

How alone I am, but in music
my desolation is my rejoicing.

*It was the tenth of May
as it had been the ninth, the eighth.*

*Mother slept in her bed,
her arms outstretched, her head
balanced between them.*

Sob a lua cheia
Maria dobrava a roupa;
os lençóis tesos eram agora
retângulos secos e brancos do luar.

*Estou tão sozinha, mas na música
o infortúnio é minha alegria.*

Era dia dez de maio
como antes tinha sido dia nove, dia oito.

A mãe dormindo na cama,
os braços esticados para baixo, a cabeça
bem reta entre os ombros.

5.
Beatrice took the children to the park in Cedarhurst.
The sun was shining. Airplanes
passed back and forth overhead, peaceful because the war was
[over.

It was the world of her imagination:
true and false were of no importance.

Freshly polished and glittering—
that was the world. Dust
had not yet erupted on the surface of things.

The planes passed back and forth, bound
for Rome and Paris—you couldn't get there
unless you flew over the park. Everything
must pass through, nothing can stop—

The children held hands, leaning
to smell the roses.
They were five and seven.

Infinite, infinite—that
was her perception of time.

5.
Beatrice levou as crianças ao parque em Cedarhust.
O sol brilhava. No alto,
os aviões iam e vinham, pacíficos, pois a guerra chegara
[ao fim.

Este era o mundo da imaginação:
não importava se verdadeiro ou falso.

Recém-polido e brilhante —
o mundo era assim. Ainda não havia
a poeira sobre a superfície das coisas.

Os aviões iam e vinham, rumo
a Paris e Roma — só dava para chegar
até lá sobrevoando o parque. Tudo
deve passar por aqui, nada pode parar —

As crianças, de mãos dadas, se inclinavam
para sentir o perfume das rosas.
Tinham cinco e sete anos.

Infinito, infinito — era como
ela percebia o tempo.

She sat on a bench, somewhat hidden by oak trees.
Far away, fear approached and departed;
from the train station came the sound it made.
The sky was pink and orange, older because the day was over.

There was no wind. The summer day
cast oak-shaped shadows on the green grass.

Ela se sentou num banco atrás dos carvalhos.
Ao longe, o medo que ia e vinha;
o som produzido por ele chegava da estação de trem.
O céu estava cor-de-rosa, alaranjado, envelhecia, porque
[era o fim do dia.

Nenhuma brisa. O dia de verão
lançava sombras em forma de árvore sobre a grama verde.

The Couple in the Park

A man walks alone in the park and beside him a woman walks, also alone. How does one know? It is as though a line exists between them, like a line on a playing field. And yet, in a photograph they might appear a married couple, weary of each other and of the many winters they have endured together. At another time, they might be strangers about to meet by accident. She drops her book; stooping to pick it up, she touches, by accident, his hand and her heart springs open like a child's music box. And out of the box comes a little ballerina made of wood. I have created this, the man thinks; though she can only whirl in place, still she is a dancer of some kind, not simply a block of wood. This must explain the puzzling music coming from the trees.

O casal no parque

Um homem caminha sozinho no parque e ao lado dele caminha uma mulher, que também está só. Como sabemos que não estão juntos? Parece haver uma linha entre os dois, uma linha riscada no chão em um campo de futebol. Porém, em uma fotografia eles podem dar a impressão de ser um casal, um já cansado do outro e de tantos invernos que enfrentaram juntos. Em outro tempo, poderiam ser dois estranhos a ponto de se conhecer por acaso. Ela deixa cair um livro; ao se abaixar para pegá-lo, roça sem querer na mão dele e o coração dela salta para fora, se abrindo como uma caixinha de música. De dentro da caixinha, sai uma bailarina de madeira. Eu criei isso, pensa o homem; embora fique rodopiando sempre no mesmo lugar, ainda assim ela é uma espécie de dançarina e não apenas um pedaço de madeira. Isso deve explicar a música desconcertante que vem das árvores.

Nota da tradutora sobre o poema "Noite fiel e virtuosa" ["Faithful and virtuous night"]

Nesse poema, um pintor já de certa idade relembra alguns episódios de sua infância, como, por exemplo, a cena em que ele ficava deitado na cama com o irmão mais velho enquanto este lia as lendas do rei Arthur. Ao ouvir o irmão se referir ao "cavaleiro fiel e virtuoso" da história, ele, que ainda não sabia ler, entendia o outro dizer "noite" [night] em vez de "cavaleiro" [knight], palavras homófonas em inglês. Este engano da escuta infantil transforma "o cavaleiro fiel e virtuoso" na "noite fiel e virtuosa".

Índice de primeiros versos

"A claridade perdura no céu, mas é fria essa luz", 259
"*A cool wind blows on summer evenings, stirring the wheat*", 322
"*A dark night—the streets belong to the cats*", 242
"*A man walks alone in the park and beside him a woman walks*", 498
"À mesma hora em que o sol se põe", 193
"A morte e a incerteza, que estão à minha espera", 337
"*A word drops into the mist*", 402
"*After the orchestra had been playing for some time*", 434
"Agora que está velha", 235
"Ainda não são adultos — na verdade, um menino e uma menina", 181
"Algum tempo depois de eu ter entrado", 389
"*All day he works at his cousin's mil*", 164
"*All the roads in the village unite at the fountain*", 174
"*All week they've been by the sea again*", 278
"*All winter he sleeps*", 226
"*An elderly writer had formed the habit of writing the words* THE END *on a piece of paper before he began his stories*", 436
"As folhas secas logo pegam fogo", 317
"*As I turned over the last page*", 472
"*At last the night surrounded me*", 416
"*At the same time as the sun's setting*", 192
"Até que enfim a noite me cercou", 417

"Certa manhã ela se dirige ao campo como sempre", 105

"Certa manhã, acordei sem conseguir mexer o braço direito", 449

"Child waking up in a dark room", 206

"Chove amanhã; hoje, noite clara, as estrelas luzem", 189

"Concerning death, one might observe", 320

"Corpo meu, agora que nossa viagem não será de longa duração", 319

"Criança acorda num quarto escuro", 207

"Deixa eu te contar uma coisa, disse a senhora", 381

"Depois que a orquestra já estava tocando havia um tempo", 435

"Disseram-lhe que ela havia saído de um buraco da mãe", 267

"Dorme o inverno inteiro", 227

"Duas vezes por ano, pendurávamos luzes de Natal", 291

"É inverno de novo, faz frio de novo", 19

"É natural cansar-se da terra", 195

"Ele rouba, às vezes, porque não tem árvores em casa", 275

"Ele trabalha o dia inteiro no moinho de seu primo", 165

"Em noites como esta, nadávamos na pedreira", 327

"Era uma vez um cavalo", 471

"Esta manhã fui acordado como sempre", 475

"Esta noite, pela primeira vez em muitos anos", 83
"Este é o momento em que voltamos a ver", 15
"Estou cansada de ter mãos", 111
"Eu era o homem porque era mais alta", 69
"Eu estava tentando amar a matéria", 109
"Eu tinha um assistente, mas ele era melancólico", 439

"Feito criança, a terra recolhe-se para dormir", 211
"First divesting ourselves of worldly goods, as St. Francis teaches", 344
"For two weeks he's been watching the same girl", 202
"Fui de carro encontrar você: sonhos", 145

"Há algumas semanas, achei uma foto de minha mãe sentada", 481
"Há dois tipos de visão", 253
"Há duas semanas ele espreita a mesma garota", 203
"Há muito, muito tempo, antes de eu me tornar um artista angustiado", 379
"Há um momento depois que você afasta o olho", 147
"He steals sometimes, because they don't have their own tree", 274
"Hoje está um breu; em meio à chuva", 295
"Hoje fez um sol resplandecente", 313
"Hoje fui a um consultório médico", 247
"Houve um tempo em que eu podia imaginar minha alma", 65
"Houve uma guerra entre o bem e o mal", 63

"I am tired of having hands", 110

"*I found the stairs somewhat more difficult than I had expected and so I sat down*", 444
"*I had an assistant, but he was melancholy*", 438
"*I rode to meet you: Dreams*", 144
"*I was awakened this morning as usual*", 474
"*I was the man because I was taller*", 68
"*I was trying to love matter*", 108
"*In the first version, Persephone*", 36
"*In the second version, Persephone*", 152
"*Is it winter again, is it cold again*", 18
"*It came to me one night as I was falling asleep*", 348
"*It is not sad not to be human*", 296
"*It's autumn in the market*", 270
"*It's natural to be tired of earth*", 194
"*It's very dark today; through the rain*", 294

"Já é outono no mercado", 271

"*Let me tell you something, said the old woman*", 380
"*Like a child, the earth's going to sleep*", 210
"*Long, long ago, before I was a tormented artist*", 378
"Luz do céu por detrás da montanha", 333

"Mamãe cozinhava figos ao vinho", 285
"Minha história começa de forma bem simples: eu sabia falar e era feliz", 359
"*Mortal standing on top of the earth, refusing*", 212
"*My analyst looked up briefly*", 424
"*My body, now that we will not be traveling together much longer*", 318

"*My mother made figs in wine*", 284
"*My story begins very simply: I could speak and I was happy*", 358

"Na maioria dos dias, quem me acorda é o sol", 239
"Na primeira versão, Perséfone", 37
"Na segunda versão, Perséfone", 153
"Não é triste não ser humano", 297
"Nesta época do ano, as floreiras exalam das colinas", 307
"Neve começou a cair sobre toda a face da terra", 149
"No que diz respeito à morte, constata-se", 321
"Noite profunda — as ruas pertencem aos gatos", 243
"*Not far from the house and barn*", 230
"*Now that she is old*", 234
"Numa noite de verão, minha mãe decidiu que era uma boa hora para me contar", 215

"O fogo abrasa o céu límpido", 255
"O prédio é de tijolos, as paredes esquentam no verão", 299
"O sol está se pondo atrás das montanhas", 87
"O sol nasce sobre a montanha", 169
"*On most days, the sun wakes me*", 238
"*On nights like this we used to swim in the quarry*", 326
"*Once I could imagine my soul*", 64
"*Once there was a horse*", 470
"*One day continuously followed another*", 456
"*One morning I awoke unable to move my right arm*", 448
"*One night that summer my mother decided it was time to tell me about*", 214

"*One summer she goes into the field as usual*", 104
"Os dias se sucediam sem fim", 457

"Passaram a semana à beira-mar outra vez", 279
"Pelo portal se vê a cozinha", 223
"Por um instante, meu analista ergueu o olhar", 425
"Primeiro renunciar aos bens materiais, como ensina são Francisco", 345
"Próximo à casa e ao celeiro", 231

"Quando Hades concluiu que amava aquela garota", 123
"Quando o trem parar", 401
"Quando virei a última página", 473
"Quem pode dizer o que é o mundo? O mundo", 47

"*Rain tomorrow, but tonight the sky is clear, the stars shine*", 188
"*Reading what I have just written, I now believe*", 408
"Relendo o que acabei de escrever, acho", 409

"*Several weeks ago I discovered a photograph of my mother*", 480
"*Small light in the sky appearing*", 354
"*Snow began falling, over the surface of the whole earth*", 148
"*Sometime after I had entered*", 388
"*Spring comes quickly: overnight*", 282
"Subir a escada acabou sendo mais difícil do que eu esperava, então me sentei", 445
"Súbito uma luz fraca surge", 355

"Tão rápido já é primavera: de pernoite", 283
"The building's brick, so the walls get warm in summer", 298
"The dead leaves catch fire quickly", 316
"The death and uncertainty that await me", 336
"The fire burns up into the clear sky", 254
"The light stays longer in the sky, but it's a cold light", 258
"The sky's light behind the mountain", 332
"The sun is setting behind the mountains", 86
"The sun rises over the mountain", 168
"There are two kinds of vision", 252
"There is a moment after you move your eye away", 146
"There was a war between good and evil", 62
"There's an open door through which you can see the kitchen", 222
"They told her she came out of a hole in her mother", 266
"They're not grown up—more like a boy and girl, really", 180
"This is the moment when you see again", 14
"This time of year, the window boxes smell of the hills", 306
"Todas as ruas do povoado convergem para o chafariz", 175
"Today I went to the doctor", 246
"Today the sun was shining", 312
"Tonight, for the first time in many years", 82
"Twice a year we hung the Christmas lights", 290

"Um escritor já de certa idade tinha o hábito de escrever a palavra FIM num pedaço de papel antes de começar suas histórias", 437

"Um homem caminha sozinho no parque e ao lado dele caminha uma mulher", 499
"Um vento frio sopra nas noites de verão, revolve o trigo", 323
"Uma noite me ocorreu, já quase dormindo", 349
"Uma palavra cai na neblina", 403
"Vivente de pé sobre a terra, recusa-se", 213
"Você está pisando no seu pai, disse minha mãe", 395
"Você morre quando seu espírito morre", 129

"When Hades decided he loved this girl", 122
"When the train stops", 400
"Who can say what the world is? The world", 46

"You die when your spirit dies", 128
"You're stepping on your father, my mother said", 394

1ª EDIÇÃO [2021] 1 reimpressão

ESTA OBRA FOI COMPOSTA PELO ACQUA ESTÚDIO EM MERIDIEN
E IMPRESSA PELA GRÁFICA BARTIRA EM OFSETE SOBRE PAPEL PÓLEN
DA SUZANO S.A. PARA A EDITORA SCHWARCZ EM ABRIL DE 2024

A marca FSC® é a garantia de que a madeira utilizada na fabricação do papel deste livro provém de florestas que foram gerenciadas de maneira ambientalmente correta, socialmente justa e economicamente viável, além de outras fontes de origem controlada.